TÁCTICO

EL CARÁCTER DE LA ESCUELA HOLANDESA Y TAREAS DE ENTRENAMIENTO

EMILIO GONZÁLEZ NOSTI

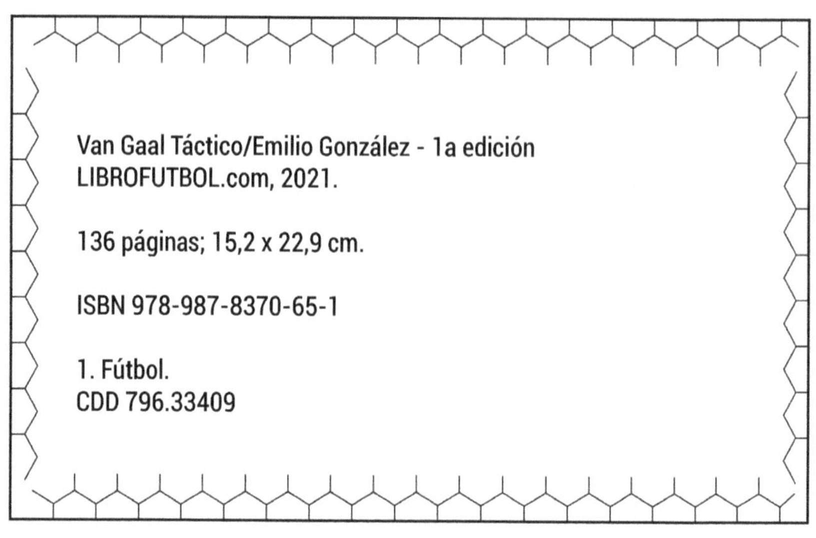

Van Gaal Táctico/Emilio González - 1a edición
LIBROFUTBOL.com, 2021.

136 páginas; 15,2 x 22,9 cm.

ISBN 978-987-8370-65-1

1. Fútbol.
CDD 796.33409

VAN GAAL TÁCTICO
de Emilio González

Cubierta: Luciano Medvetkin Maquetación: Luciano Medvetkin	Foto del autor: ©Emilio González

ISBN 978-987-8370-65-1	1ª edición: noviembre 2021

ediciones@librofutbol.com

+54 9 11 2215 1982

librofutbol

Olga Cossettini 1112 - oficina 8F - Ciudad de Buenos Aires - Argentina

ÍNDICE

INTRODUCCIÓN

Corre el año 1991 cuando el Real Madrid decide incorporar como director técnico al del Ajax de Ámsterdam, Leo Beenhakker. Pocos son los que saben que ese movimiento del equipo madrileño sería el pistoletazo de salida para el inicio de la carrera de un entrenador que en el futuro le daría algún que otro quebradero de cabeza al conjunto blanco: un joven de 39 años llamado Louis van Gaal, el asistente de Beenhakker, es quien ocupa el puesto en el banquillo del club de la capital neerlandesa. Así comienza la carrera de uno de los entrenadores más versátiles del fútbol actual.

Estudiar a Van Gaal es hacer un curso acelerado de táctica. Por su origen en los Países Bajos es posible encasillarlo en una determinada forma de ver y sentir el fútbol, pero a ese juego total le incorpora pinceladas de su carácter y, en ocasiones, un pragmatismo que prioriza obtener rendimiento por encima de la estética y alegría característica de este deporte en ese país.

Este libro presenta un recorrido táctico por la carrera de Louis van Gaal y surge como un manual de estrategia aplicada obligatorio para todo entrenador. Es un repaso por todos los esquemas y sistemas. Defensas de tres, de cuatro e incluso de cinco. Equipos que juegan replegados, equipos que van a la presión alta y equipos que en defensa marcan hombre a hombre por todo el campo. Equipos que desarrollan un juego de posición y equipos que tienen libertad total de movimientos. También se muestran pinceladas intere-

santes en situaciones de acciones a balón parado (ABP), como colocar siempre a alguien en el segundo palo en situaciones de saques de esquina defensivos y no en el primer palo, como se suele ver.

El nacido en Ámsterdam ha sabido adaptarse a cada situación, club e incluso país. Van Gaal es un director técnico que ha trabajado en los Países Bajos, España, Alemania e Inglaterra, con un Mundial en el medio, y que en pocos o en ninguno de esos escenarios ha repetido planteamientos. Ha aprendido rápidamente de una primera experiencia española en la que trata de clonar a su Ajax en un Barcelona al que, a pesar de ser campeón de Liga, en las primeras jornadas le cuesta encontrar un patrón de juego claro y en varias fases, teniendo jugadores para llevar la iniciativa, atraviesa situaciones llamativas. Por ejemplo, los marcajes al hombre que descolocan al equipo y son aprovechados por sus rivales, por lo que se convierte en un conjunto más reactivo que activo, amoldándose al planteamiento de su adversario. Seguramente, a lo largo de ese período ha anotado en su famosa libreta la formación del contrario y la manera de anularla defensivamente.

En definitiva, los equipos de Van Gaal son verticales y con jugadores polivalentes que se pueden desenvolver en varios roles y contextos. Buscan el juego interior a través del tercer hombre con delanteros de referencia, pero también con futbolistas que han desempeñado funciones de falso nueve, como Clarence Seedorf o Ronald de Boer. Además, juegan en corto o en largo al espacio para extremos rápidos y verticales, como Finidi George, Marc Overmars, Franck Ribéry o Arjen Robben.

Son conjuntos con libertad total en ataque, como reflejan los movimientos de afuera a adentro de Luis Figo y Rivaldo en Barcelona, o con un claro juego de posición con extremos muy abiertos para ensanchar el campo y generar espacios interiores a aprovechar por los jugadores de las zonas centrales, como ocurre en su paso por Inglaterra con los mediocampistas Ander Herrera, Wayne Rooney, Michael Carrick, Morgan Schneiderlin o Bastian Schweinsteiger.

En sus dirigidos también sobresalen otras variantes defensivas, como defender con todos o dejar futbolistas descolgados para hacer transiciones defensa-ataque muy veloces, en las que en ocasiones el papel del 10 ha estado en entredicho. En síntesis, no son equipos de un entrenador neerlandés: son de Louis van Gaal, un entrenador mundial.

LA LIBRETA DE VAN GAAL

Es común encasillar los planteamientos de Louis van Gaal en los de la escuela neerlandesa y en formaciones y esquemas que no salen del 3-4-3 y el 4-3-3. Al observar su trayectoria detenidamente, con la visualización de unos 150 partidos de sus diferentes equipos, es posible afirmar que no es así, como refleja este libro. No debemos olvidar que con un esquema 3-3-3-1 (en ocasiones 3-3-1-3, dependiendo de la altura de los extremos) se proclama campeón de Europa, con el valor que añaden los títulos para que el recuerdo quede más vivo que otros encuentros que pueden pasar más inadvertidos.

Por otro lado, Van Gaal ha sido fuente de análisis de alguno de los más grandes protagonistas del fútbol gracias a su riqueza táctica. Marcelo Bielsa llegó a manifestar: "Mi modelo ha sido Van Gaal. Estudié más de 250 partidos de sus equipos. Al llegar al 170 adiviné los cambios que haría y comprendí que había asimilado su pensamiento".

Para repasar la evaluación desmenuzada de la libreta de Van Gaal nos apoyaremos en el rosarino, que también ha estudiado en profundidad al neerlandés. En cuanto a las formaciones, en más de una conferencia Bielsa declaró: "Los esquemas básicos son 10, no más. Cinco con una defensa de cuatro y cinco con una defensa de tres. En el primer grupo serían 4-3-3, 4-2-1-3, 4-3-1-2, 4-2-4, 4-2-2-2,

como la Colombia de Maturana y Valderrama, mientras que con la línea de fondo de tres las posibilidades son 3-3-1-3, 3-4-3, 3-4-1-2, 3-3-4 y 3-3-2-2, que es muy inusual".

Si bien entiendo la defensa como una situación y no una posición, por seguir el esquema general marcado por el exentrenador de Newell's y del seleccionado argentino y hablar un lenguaje más entendible, veremos una clasificación de los esquemas y sistemas utilizados por Van Gaal en base al número de integrantes de la última línea. Recordar todas las opciones mencionadas por Bielsa porque el neerlandés las ha propuesto prácticamente en su totalidad, incluso con alguna variante que no aparece ahí.

DEFENSA DE TRES

3-3-4 – Ajax 91/92

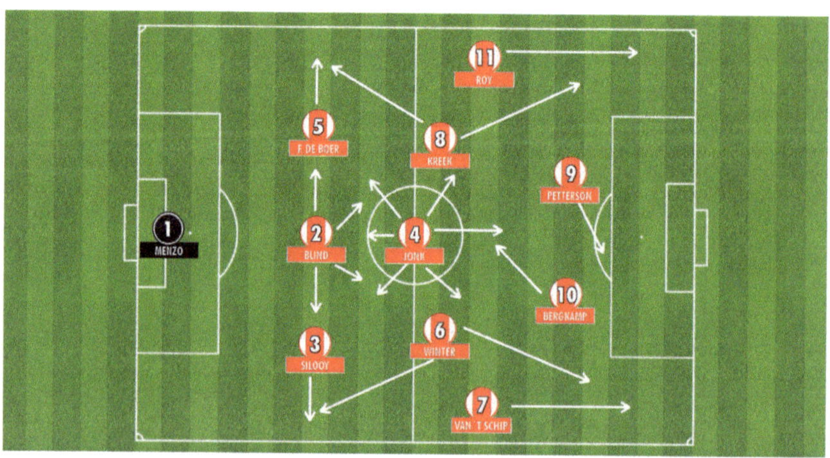

Imagen 1. El equipo que forma en la ida de la final de la Copa de la UEFA en la temporada 91/92.

En la retaguardia, los jugadores que actúan en los costados, como en este caso Sonny Silloy (3) y Frank de Boer (5), son los encargados de cubrir a los delanteros rivales y, si les es posible, ocuparse de las subidas de los extremos. El futbolista situado entre ellos, Danny Blind (2), juega como hombre libre. Los tres tienen una cierta libertad para incorporarse al ataque.

En la parte central, el mediocentro, Wim Jonk (4), cuenta con autonomía para moverse por el campo y ayuda mucho en la salida de balón. Los interiores, Aaron Winter (6) y Michel Kreek (8), son los encargados de ayudar a los centrales externos, Silooy (3) y De Boer (5), en las situaciones de dos contra uno en la banda y de llegar al ataque desde la segunda línea.

En la delantera, quienes ocupan la parte central, Dennis Bergkamp (10) y Steffan Petterson (9), se encargan de dar una salida lejana al ser futbolistas con un buen manejo del juego de espaldas y con la capacidad para asociarse bien. Los extremos, Bryan Roy (11) y John van´t Schip (7), se ocupan de dar amplitud y profundidad. En raras ocasiones bajan a ayudar en defensa porque de eso se encargan Winter (6) y Kreek (8), por lo que quedan siempre en disposición de ser opciones de pase para lanzar rápidas transiciones defensa-ataque.

3-3-3-1 – Ajax 94/95 – Campeón de Europa

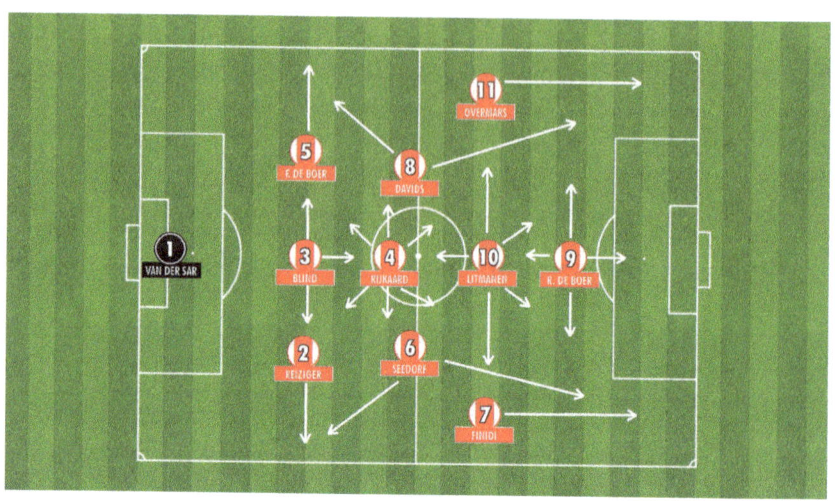

Imagen 2. La alineación en la final de la Champions ante el AC Milan, en la que el Ajax se proclama campeón de Europa al vencer por 1-0 con un gol de un Patrick Kluivert que entra al campo desde el banquillo.

Los tres centrales, Michael Reiziger (2), Danny Blind (3) y Frank de Boer (5), son los encargados de darle salida al balón y ocupar todo el ancho del campo para defender, con la dificultad de no contar con laterales para encargarse de los ataques de los extremos rivales. Para esa labor cuentan con la ayuda de los interiores, Clarence Seedorf (6) y Edgar Davids (8), quienes no solo ocupan esas posiciones externas en defensa, sino que también ayudan en labores ofensivas por la banda. Los extremos, Finidi George (7) y Marc Overmars (11), se despreocupan un poco de las tareas defensivas y se quedan en posiciones adelantadas para lanzar rápidas transiciones defensa-ataque.

En esta ocasión, Van Gaal opta por formar en la punta del ataque con un jugador con mucha movilidad como Ronald de Boer (9), que baja a posiciones intermedias para asociarse. Con ello consigue sacar de sitio a los centrales rivales para que el enganche, Jari Litmanen (10), ataque desde la segunda línea.

Todo ello es apoyado por un ancla en la parte central como Frank Rijkaard (4), el mediocentro, quien ayuda en defensa, saca la pelota con criterio desde atrás y, de ser necesario, pisa con peligro el área rival.

3-4-1-2 – FC Barcelona 98/99

Imagen 3. La alineación que utiliza Van Gaal frente a un Valencia CF que es la auténtica bestia negra de su FC Barcelona.

La velocidad y calidad de los delanteros y los jugadores ofensivos Ches, Claudio López, Miguel Ángel Angulo, Gaizka Mendieta o Adrian Ilie, le generan dolores de cabeza al preparador neerlandés. Por ello utiliza tres centrales, con dos marcadores como Abelardo Fernández (5) o Sergi Barjuan (12) que son ayudados por un hombre libre, Frank de Boer (25).

Delante, Ronald de Boer (18) y Luis Enrique (21), se ocupan de ayudar a los centrales en las tareas defensivas y, a su vez, de estirar y dar profundidad por la banda al equipo. En la parcela central, Pep Guardiola (4) ayuda más en la elaboración desde el eje del campo, mientras que Philip Cocu

(15) ataca los espacios interiores y es un jugador conocido como *box to box* (de área a área).

Arriba, como enganche, juega Óscar García (6). La delantera queda para Rivaldo (11) y Kluivert (19), con quienes Van Gaal busca tener mucho juego interior, llegada y presencia en el área rival.

3-4-3 – FC Barcelona 98/99

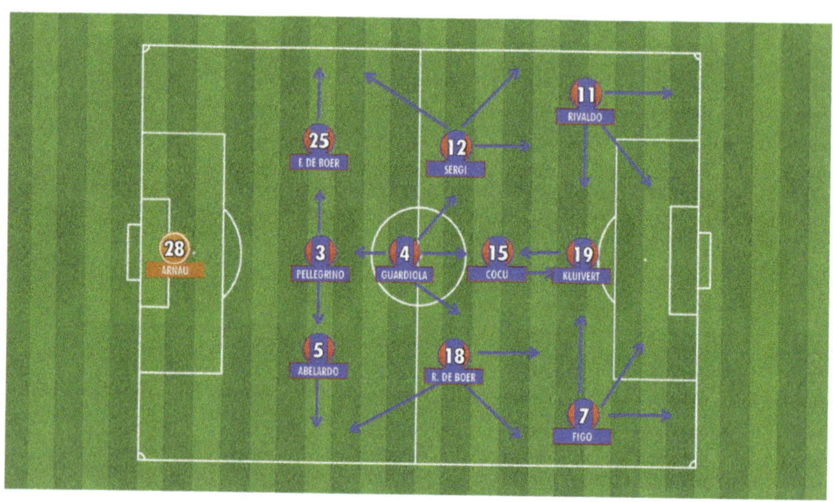

Imagen 4. Equipo dispuesto ante el Athletic Club de Bilbao en la jornada 36 de la temporada 98/99, con el FC Barcelona ya proclamado campeón de Liga.

El funcionamiento de este esquema se asemeja mucho al 3-3-3-1 del Ajax de Ámsterdam, aunque tiene algún pequeño matiz diferente. En la defensa se disponen tres centrales, Abelardo (5), Mauricio Pellegrino (3) y Frank de Boer (25), para construir el juego y cubrir todo el ancho del campo. Al no contar con laterales para defender a los extremos rivales, los zagueros cuentan con la ayuda de los interiores, Sergi (12) y Ronald de Boer (18), dos futbolistas fundamentales para el equilibrio del equipo. Su relevancia no solo se relaciona con su ayuda a los centrales para defender los espacios laterales, sino también con su participación en ataque para compensar los movimientos de los extremos, Luis Figo (7) y Rivaldo (11).

Esta es la diferencia con respecto al esquema utilizado en los Países Bajos con el Ajax. Los extremos ya no están fijos en amplitud máxima, ya que Figo (7) y Rivaldo (11) disfrutan de libertad para moverse en ataque. Esos desplazamientos son acompañados por los de Sergi (12) y Ronald de Boer (18). Por ejemplo, si el extremo izquierdo, Rivaldo (11), va para la parte central del campo, el interior izquierdo, Sergi (12), tiene que compensar ese movimiento y dar amplitud abriéndose a la banda.

DEFENSA DE CUATRO

4-2-3-1 con falso nueve – Ajax 93/94

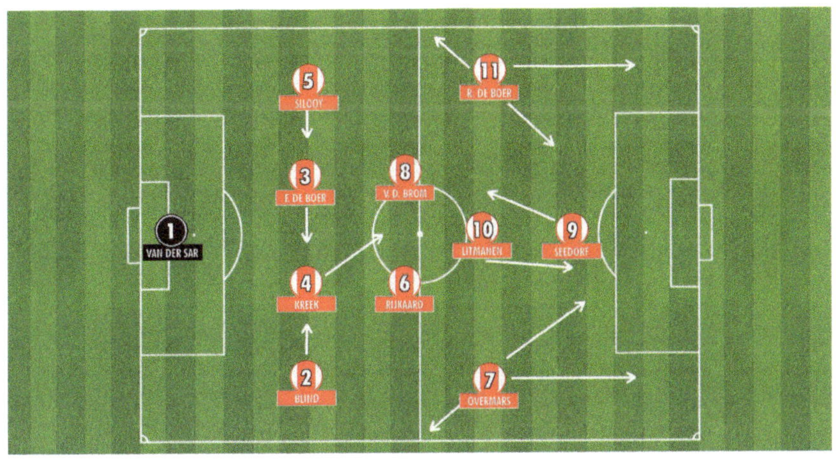

Imagen 5. Van Gaal opta por este esquema en la final de la Supercopa neerlandesa frente al Feyenoord, con un jugador más habituado a actuar en posiciones de interior en la posición de delantero, como Clarence Seedorf (9).

Lo más llamativo de esta alternativa, además de los movimientos de falso nueve de Seedorf (9) a la hora de bajar a asociarse y generar espacios para la ruptura del enganche, Jari Litmanen (10), es cómo convierte una defensa de cuatro en una de tres para la salida del balón. Uno de los centrales, Michel Kreek (4) o Frank de Boer (3), lo lleva a cabo al adelantar su posición para incorporarse a la línea de medios. Esto genera que los laterales, Danny Blind (2) y Sonny Silooy (5), no se proyecten y en ataque actúen como centrales por derecha e izquierda, respectivamente.

La misión de dar amplitud al equipo corresponde a los extremos, Marc Overmars (7) y Ronald de Boer (11), quienes también tienen que realizar desmarques desde la banda al interior del terreno de juego para aprovechar los espacios generados por los arrastres de Seedorf (9), que al bajar a asociarse se lleva a algún central rival consigo.

4-2-3-1 – Manchester United 15/16

Imagen 6. Opción empleada durante su etapa en el Manchester United.

Van Gaal también ha dispuesto esquemas más convencionales. Más adelante veremos en detalle cómo se comportan sus equipos con un doble pivote, con un jugador que se encarga del eje central del equipo y otro que se adelanta para estirar y dar otra altura para una línea de pase más profunda.

En esta alineación, los extremos, Juan Mata (8) y Anthony Martial (9), parten a pie cambiado, por lo que son muy peligrosos en la conducción en diagonal afuera-adentro, siendo importantes los arrastres del enganche, Jesse Lingard (35), y del delantero centro, Marcus Rashford (39), para generar espacios interiores.

4-4-2 rombo – FC Barcelona 02/03

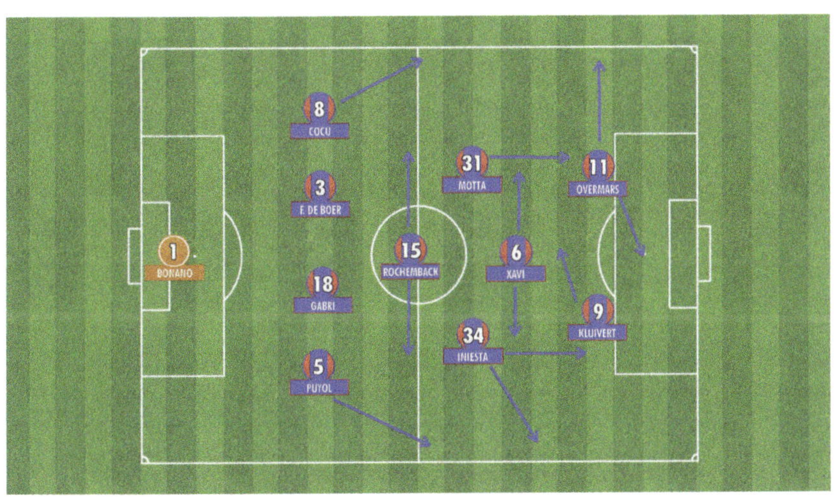

Imagen 7. En uno de sus últimos partidos en el banquillo del equipo blaugrana, frente al Valencia CF en el Camp Nou, Van Gaal dispone un 4-4-2 en rombo.

Con este esquema, los laterales, Puyol (5) y Cocu (8), son los encargados de dar amplitud al equipo. De no alcanzar la profundidad idónea para atacar, obtienen la ayuda del delantero izquierdo, Marc Overmars (11), y del interior derecho, Andrés Iniesta (34). En la posición de mediocentro,

Fábio Rochemback (15) se encarga de sostener y compensar los movimientos de los interiores, Iniesta (34) y Thiago Motta (31), que pisan más la zona de finalización rival, y del enganche, Xavi (6).

El delantero derecho, Kluivert (9), mantiene su importancia en la elaboración para las salidas con el jugador lejano y las maniobras de tercer hombre. El juego colectivo sigue siendo importante para Van Gaal, y lo demuestra al poner a Gabri (18), un jugador que venía actuando como mediocentro o interior, en la posición de central.

4-4-2 Manchester United 15/16

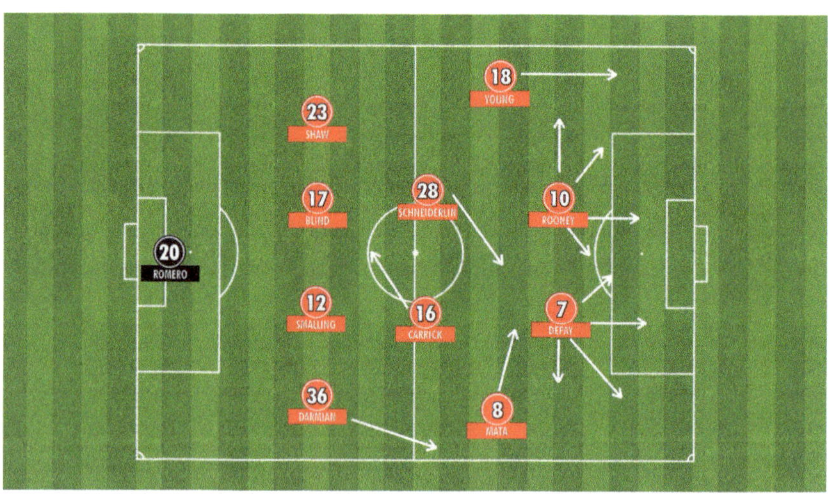

Imagen 8. Once y esquema elegidos para la primera jornada de la Premier League.

Los equipos de Van Gaal no se caracterizan por realizar una presión asfixiante hombre a hombre por el campo, sino por esperar en una zona intermedia para desde ahí, ya sí, cerrar bien los espacios y apretar de una forma más agresiva. Aun así, en ciertas ocasiones plantea un trabajo de recuperación más adelantado, como en la jornada inaugural de la Premier League 15/16. En el duelo entre su Manchester

United y el Tottenham de Mauricio Pochettino, el neerlandés dispone de dos delanteros centro, Wayne Rooney (10) y Memphis Depay (7), que no permiten que los centrales rivales saquen el balón controlado.

A su vez, los movimientos de los mediocentros, Morgan Schneiderlin (28) y Michael Carrick (16), acompañan ese trabajo de los atacantes: uno adelanta su ubicación, encargándose el otro de ocupar una posición más central en el eje del conjunto. Este movimiento compensatorio también es realizado cuando el equipo está en posesión de la pelota, ya que uno baja para ayudar en el inicio de la acción y el otro toma altura para estirar y ofrecer diferentes líneas de pase.

4-2-4 Bayern de Múnich 09/10

Imagen 9. En Alemania opta por un esquema en 4-2-4, dando mucha importancia al juego de sus extremos, Arjen Robben (10) y Franck Ribéry (7).

Lo más característico del paso de Van Gaal por el Bayern de Múnich es un juego de posición en el que los laterales,

Philipp Lahm (21) y Holger Badstuber (28), no se prodigan mucho en ataque. A la hora de construir desde la zona de inicio no toman altura, sino que forman una línea de cuatro con los centrales, Martín Demichelis (6) y Daniel van Buyten (5), para dar una circulación fluida al balón, mover al rival de lado a lado y atraer a los extremos rivales. De este modo aparecen espacios interiores que invaden y aprovechan muy bien los extremos, Arjen Robben (10) y Franck Ribéry (11), los cuales actúan a pie cambiado para hacer rápidas conducciones en diagonal y encarar a los contrarios, generando mucho peligro.

Los laterales no suelen proyectarse, ya que los avances son muy veloces y no les dan tiempo a incorporarse por la banda. Además, al ser muy verticales y habilidosos en el uno contra uno, los extremos buscan con frecuencia la acción individual. Por eso, Lahm (21) y Badstuber (28) no se acercan para no llevar a más adversarios a la zona de influencia, dar apoyo de cara y, a su vez, mantener una buena estructura defensiva para las posibles transiciones ataque-defensa.

En el medio, los mediocentros, Mark van Bommel (17) y Bastian Schweinsteiger (31), no se incrustan en la línea defensiva para iniciar el juego, sino que uno se encarga de pedir el balón más en corto, situándose en el eje central, y el otro toma altura hasta casi juntarse con el delantero derecho, Thomas Müller (25). Desde la punta del ataque, en muchas ocasiones, el alemán (25) desciende para participar en el juego colectivo.

4-1-4-1 - FC Barcelona 97/98

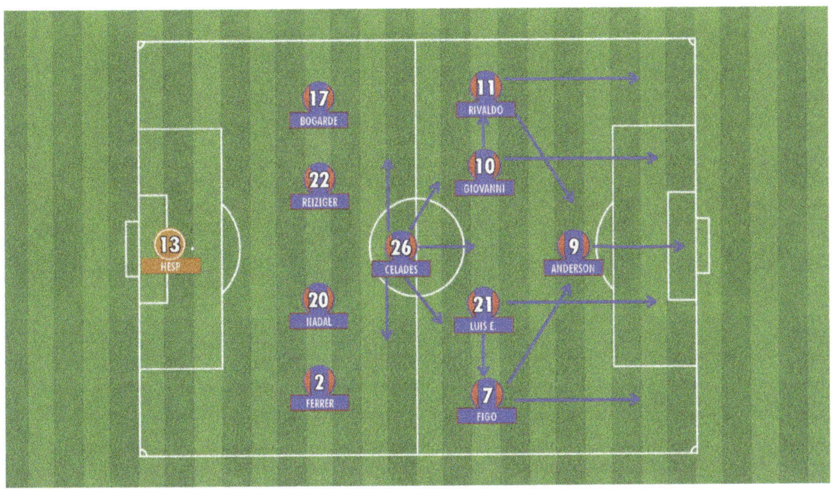

Imagen 10. Un esquema empleado durante su paso por el FC Barcelona.

Por ponerle un "pero" a esta formación, los interiores, Luis Enrique (21) y Giovanni Silva (10), son jugadores de mucha llegada y atacan de forma extraordinaria los pasillos interiores (especialmente en el caso el jugador asturiano), por lo que descubren su espalda y el mediocentro, Albert Celades (26), tiene que abarcar todo el ancho del campo. Es una formación muy ofensiva, lo que se plasma en un equipo muy vertical. Hay una libertad total de movimientos de los extremos, Luis Figo (7) y Rivaldo (11), que funcionan en sociedad con Luis Enrique (21) y Giovanni (10); es decir, si Figo (7) ocupa el espacio central, Luis Enrique (21) se abre y va a la banda.

Los laterales, Albert Ferrer (2) y Winston Bogarde (17), no tienen el peso ofensivo que pueden tener en el fútbol moderno otros jugadores que actúan en esa demarcación. Además, es un conjunto que juega con transiciones muy rápidas, por lo que a estos futbolistas no les da tiempo a incorporarse por afuera como si se tratase de un juego más pausado. Por otro lado, los extremos, Rivaldo (11) y Figo (7), así como el delantero centro, Sonny Anderson (9), no suelen

bajar mucho en defensa, por lo que siempre están disponibles para lanzar veloces contraataques cuando se recupera la posesión de la pelota.

Ese equipo blaugrana quizá no haya competido en un fútbol tan táctico y posicional como el que se juega ahora. Los rivales dejan más espacios para las transiciones de los que se permiten en la actualidad y, a su vez, los equipos de Van Gaal no acostumbran a practicar una presión alta. Esto le facilita al oponente la salida con la pelota hasta una cierta parte del campo, lo que deja unos huecos a la espalda de la línea defensiva que los dirigidos por el neerlandés pueden aprovechar.

4-3-3 - FC Barcelona 98/99

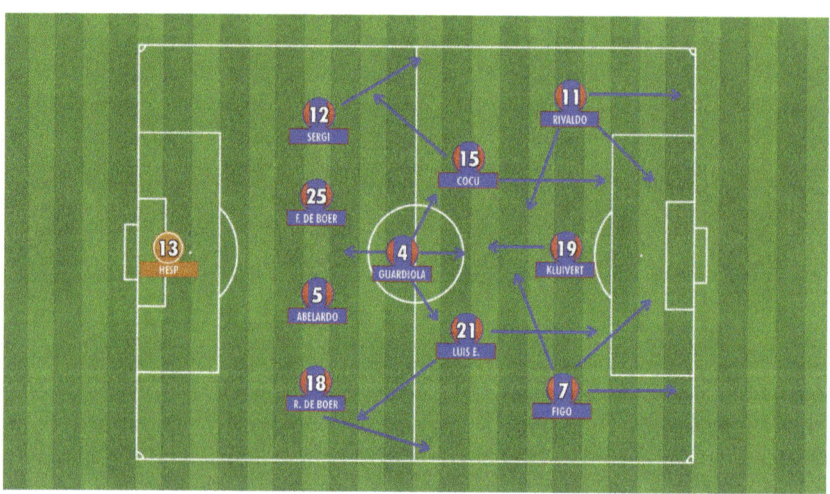

Imagen 11. Opción elegida durante su estadía en Barcelona.

Ese problema de dejar solo a un jugador para que cubra todo el ancho del campo en el medio, es solucionado, en algunas ocasiones, escalonando a los jugadores interiores. En este caso son Luis Enrique (21) y Cocu (15), que no dejan solo a Pep Guardiola (4). Si uno de los interiores ataca el área rival por el centro, algo que hacen de manera brillante y está fomentado por el descenso del delantero centro, Kluivert (19), a zonas de creación (lo que conlleva arrastres de los centrales contrarios y genera un espacio a explotar), el otro se queda en una posición un poco más retrasada para ayudar al mediocentro al momento de cubrir el campo.

A su vez, Luis Enrique (21) y Cocu (15) son los encargados de ayudar en defensa a los laterales, Ronald de Boer (18) y Sergi Barjuan (12), ya que en la fase defensiva los extremos, Rivaldo (11) y Figo (7), se quedan un poco más descolgados junto con Kluivert (19) para realizar las transiciones defensa-ataque y aprovechar los huecos dejados por el adversario.

DEFENSA DE CINCO

5-3-2 – Países Bajos 2014

Imagen 12. Once habitual en la campaña de los Países Bajos en Brasil 2014.

En el Mundial 2014, Van Gaal opta por taponar los espacios interiores y amoldar el medio del campo al juego del rival. Si se enfrenta a una selección que juega con un mediocentro por delante de la defensa, Wesley Sneijder (10) adelanta su posición para ubicarse como enganche y encargarse de él, sostenido por un doble pivote formado generalmente por Jonathan de Guzmán (8) y Nigel de Jong (6).

Si, por el contrario, el oponente forma con dos mediocentros y un enganche, uno de los medios, como De Guzmán (8), va un poco más arriba y se sitúa a la altura de Sneijder (10). Para esa misión cuenta también con Georginio Wijnaldum, como en el partido contra Argentina: en la semifinal, él se encarga del mediocentro izquierdo, Javier Marcherano; Sneijder toma al mediocentro derecho, Lucas Biglia; y a De Jong le toca bailar con la más fea, Lionel Messi.

Otra particularidad en la fase defensiva es la agresividad con la que saltan los centrales a robar el balón. Al formar con una línea de cinco, si uno de ellos abandona la línea para presionar en la siguiente, esto es corregido por el resto para pasar a una defensa de cuatro. Es decir, si el zaguero izquierdo, Martins Indi (4), sale para perseguir a su marca, los laterales, Daley Blind (5) y Daryl Janmaat (7), pasan a una altura un poco más baja y los otros centrales, Ron Vlaar (2) y Stefan de Vrij (3), basculan para cerrar los espacios generados.

En ataque, el peso del equipo recae sobre los delanteros centro, Arjen Robben (11) y Robin van Persie (9). Ambos hacen interesantes movimientos, en los que el atacante cercano a la pelota va a recibir, atrae a los centrales rivales y ese espacio es aprovechado por el acompañante para hacer un desmarque de ruptura en diagonal.

FASE DEFENSIVA

LOS MARCAJES INDIVIDUALES

Si bien los marcajes hombre a hombre son algo que Van Gaal ya pone en práctica en el Ajax, en Ámsterdam se reducen a momentos puntuales y no son una estrategia permanente. Por ejemplo, los utiliza en la semifinal de la Champions League 96/97, cuando al ver los problemas que está causando el extremo derecho de la Juventus, Angelo Di Livio, el neerlandés decide introducir a Winston Bogarde como lateral izquierdo para que lo cubra de forma específica e individual.

Es en su primera etapa en el Fútbol Club Barcelona, en la temporada 97/98, cuando Van Gaal lleva esta práctica a su máxima expresión. Sirve como ejemplo el clásico jugado el 1° de noviembre de 1997 en el Santiago Bernabéu, un Real Madrid-Barcelona correspondiente a la jornada 9 del campeonato español.

Imagen 13.

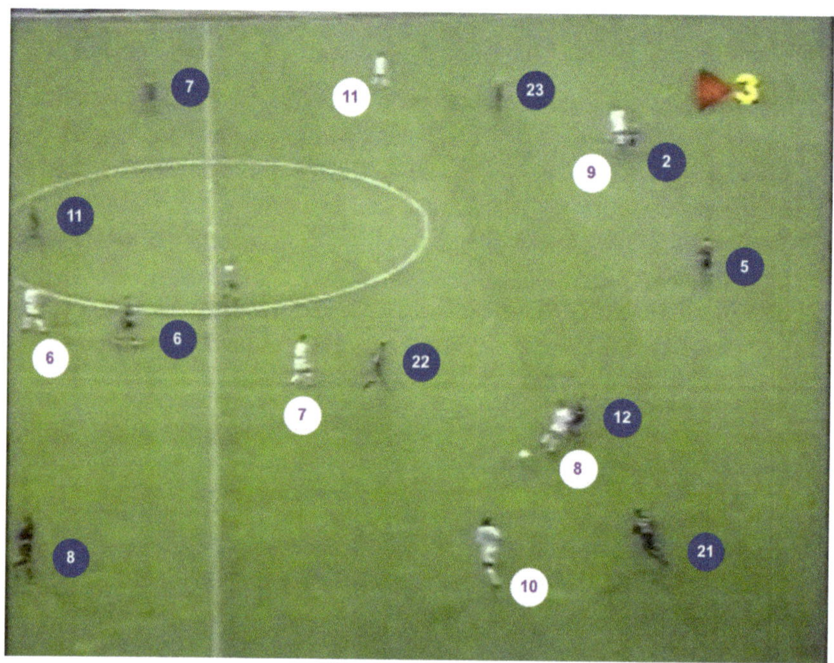

Imagen 14.

Cada jugador tiene una marca asignada a la que perseguir y anular en la fase defensiva. Por eso se dan situaciones como la que se ve reflejada en la imagen 14, en la que Michael Reiziger (22), un jugador acostumbrado a actuar como marcador central, juega en la fase ofensiva por delante de la defensa y con funciones de mediocentro, al encontrarse en una posición más avanzada para cubrir al enganche rival, Raúl González (7).

Durante en el Mundial de Brasil 2014, a cargo de la selección holandesa, Van Gaal da muestras de su pragmatismo una vez más y propone un juego reactivo basado en anular el juego interior de sus adversarios. En la semifinal contra Argentina, el planteamiento es el que se muestra en imágenes 15 y 16. Los delanteros centro, Arjen Robben (11) y Robin van Persie (9), se sitúan en posiciones intermedias entre los centrales y los laterales: el ex Arsenal y Manchester United se ubica en la parte izquierda de la defensa albiceleste, entre Marcos Rojo (16) y Ezequiel Garay (2), mientras que el ex Bayern de Múnich y Real Madrid se coloca entre Pablo Zabaleta (4) y Martín Demichelis (15). Si bien las marcas hombre a hombre entre los jugadores que ocupan espacios centrales se reparten; el enganche, Wesley Sneijder (10), se encarga del mediocentro derecho, Lucas Biglia (6); el mediocentro derecho, Georginio Wijnaldum (20), sigue al mediocentro izquierdo, Javier Mascherano (14); y el mediocentro izquierdo, Niguel de Jong (6), es el encargado de controlar al enganche, Lionel Messi (10).

Imagen 15.

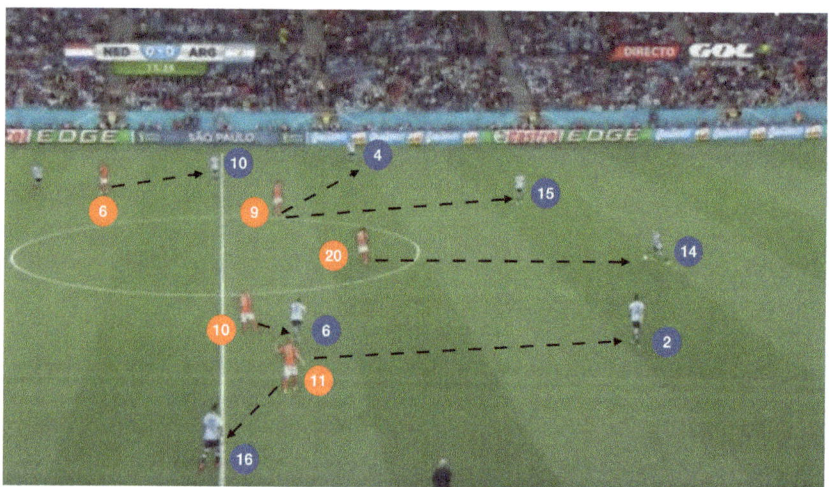

Imagen 16.

PROBLEMAS DEL MARCAJE INDIVIDUAL

En muchas ocasiones, esos marcajes individuales que plantea Van Gaal le crean problemas tácticos a su equipo, al dejar sectores libres y crear desbarajustes. Consigue anular al futbolista en cuestión, pero no defender los huecos que eso origina. A su vez, se producen situaciones tan llamativas como la que se da en un partido entre el FC Barcelona y el PSV en la Champions League de la temporada 97/98. Al ir por debajo en el marcador, en los minutos finales el conjunto neerlandés introduce al delantero Peter Moller (20) para aprovechar su altura (1,90 m.) a través de un juego más directo. La reacción del entrenador nacido en Ámsterdam es ordenarle a su delantero centro, Christophe Dugarry (15), perseguir y defender al danés por todo el campo. Esta y otras persecuciones generan una serie de espacios que el PSV, incluso con un jugador menos, aprovecha para llegar al empate a través de un tanto de Moller (20).

Problemas del sistema 4-1-4-1

Imagen 17.

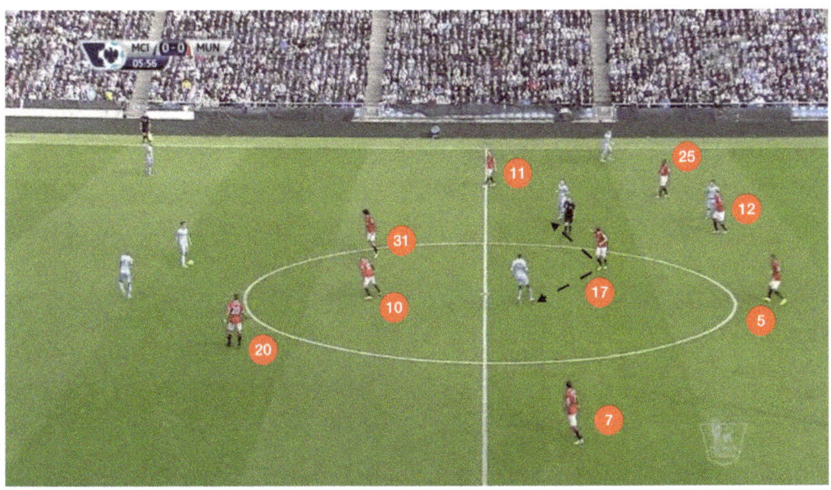

Imagen 18.

Cuando sus equipos forman con un solo jugador por delante de la defensa, que en este ejemplo es Daley Blind (17), y con dos interiores que presionan alto, como Wayne Rooney (10) y Marouane Fellaini (31), los rivales logran poner en problemas al mediocentro con facilidad. Al situar a dos jugadores por detrás de los interiores, como se ve en la imagen 18, el Manchester City consigue dividir la atención y la posición de Blind (17): a partir de un dos contra uno, le dificulta la posibilidad de llegar a cubrir a ambos futbolistas.

Una posible solución implica que uno de los centrales, Christopher Smalling (12) o Marcos Rojo (5), salte sobre uno de los dos jugadores ubicados entrelíneas. Aun así, esto generaría un espacio a la espalda de la defensa que podrían aprovechar los delanteros contrarios.

COMPORTAMIENTO DEFENSIVO DE LOS INTERIORES

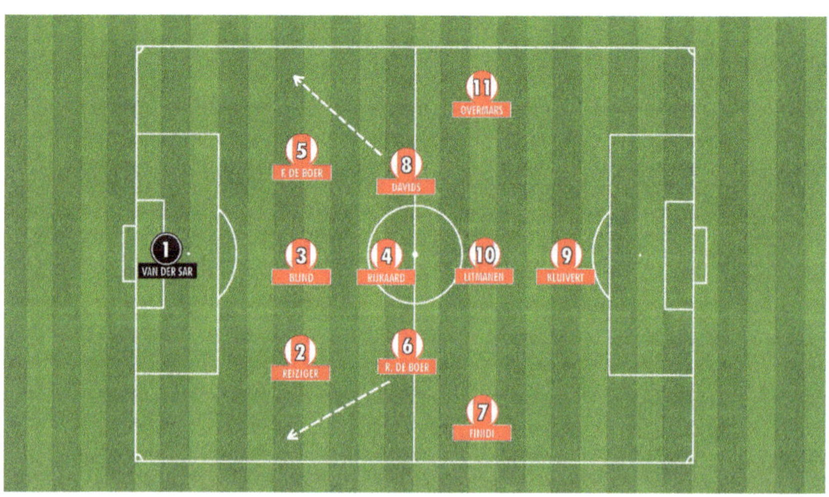

Imagen 19.

Imagen 20.

En los esquemas como el del Ajax campeón de Europa en 1995 (3-3-3-1), los interiores, que en este caso son Ronald de Boer (6) y Edgar Davids (8), son los encargados de ayudar a los centrales externos, Reiziger (2) y Frank de Boer (5), en las subidas de los extremos rivales, que en este partido son del AC Milan. En la imagen 20 los vemos casi a la par de la última línea.

Al jugar con tres defensores centrales y prescindir de la figura de los laterales, los interiores (jugadores 6 y 8) cubren ese espacio. Los extremos, Finidi George (7) y Marc Overmars (11), rara vez bajan a defender, buscando ser una opción de pase en las transiciones defensa-ataque y obligando a los laterales contrarios a estar pendientes de ellos, por lo que no pueden sumarse al ataque.

Imagen 21.

En la temporada 94/95, el Ajax de Ámsterdam de Van Gaal y el conjunto italiano se vuelven a ver las caras en la final de la Champions League, partido en el que los neerlandeses salen campeones con un gol del delantero centro, Patrick Kluivert. En la imagen 21, de ese encuentro, podemos apreciar al interior izquierdo, Davids (8), en acción en su tarea de frenar el ataque del extremo derecho del AC Milan, Roberto Donadoni (7). Si bien en este caso el extremo izquierdo, Overmars (11), baja en la ayuda defensiva, esta no es la tónica habitual, lo que hace al Ajax un equipo muy peligroso en los contraataques.

AGRESIVIDAD DE LOS CENTRALES

Imagen 22.

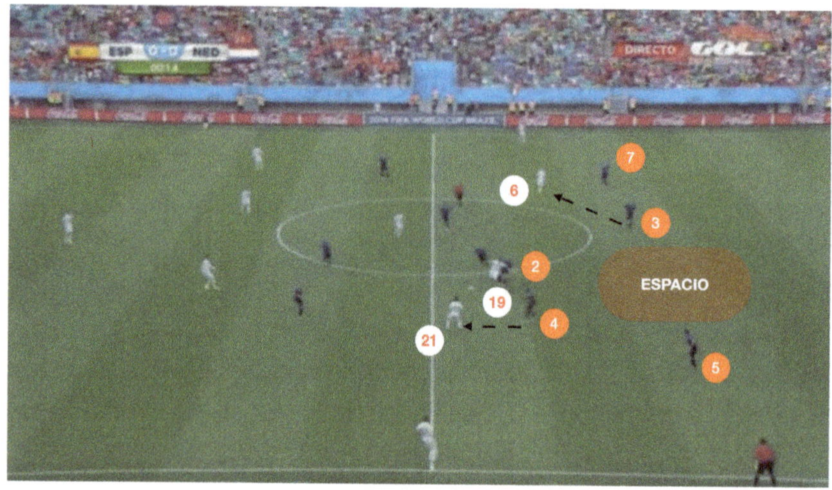

Imagen 23.

Imagen 24.

En el primer partido del Mundial 2014, la selección de los Países Bajos se enfrenta al campeón defensor, España, en un partido en el que los dirigidos por Van Gaal sorprenden a todos. En ese torneo, el entrenador neerlandés propone una defensa de tres marcadores centrales, como en sus inicios en el Ajax de Ámsterdam. Una de las ventajas que proporciona una estructura como esta es que un zaguero puede saltar a presionar y ayudar en la siguiente línea. Aunque -como todo- tiene su parte negativa en que se descubren espacios que los rivales pueden atacar en profundidad, los centrales tienen la posibilidad de acosar a los receptores, sobre todo a los que están de espaldas (como muestran las imágenes 23 y 24).

Cuando propone esquemas con una línea de tres, esos jugadores tienen la libertad y la misión de salir en la presión y defender hacia delante. Sirva como ejemplo la imagen 25, correspondiente al duelo entre el PSV y el Ajax por la 8ª jornada liguera de la temporada 94/95, donde podemos ver cómo Danny Blind (3), un central, intenta recuperar incluso por delante del delantero centro, Ronald de Boer (9), y a la altura del interior derecho, Clarence Seedorf (6).

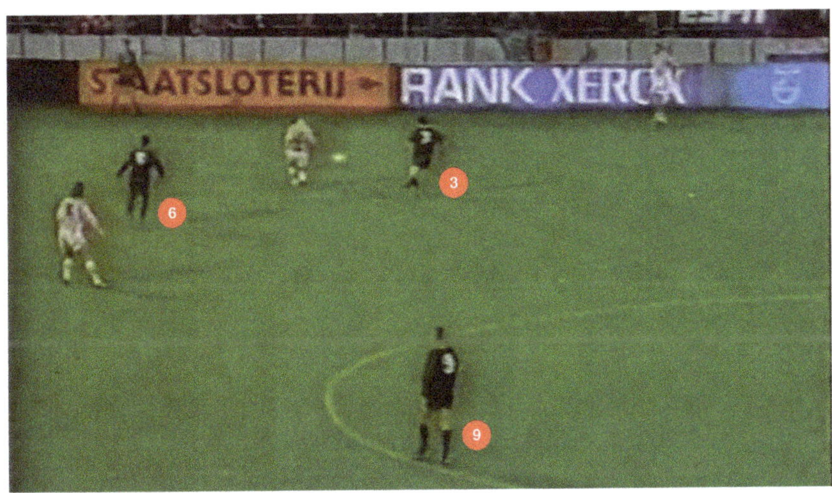

Imagen 25.

PROBLEMAS DE JUGAR CON TRES CENTRALES: LOS PUNTOS MUERTOS

Reforzar la zona central con tres marcadores y renunciar a la posición de los laterales descubre un punto débil que los adversarios buscan atacar. Los equipos de Van Gaal acumulan muchos jugadores en la zona interior cuando forman con esquemas de este tipo, por lo que los rivales intentan salir por las esquinas.

Sirve como ejemplo el PSV-Ajax de la temporada 91/92, en el cual, precisamente, uno de los goles del conjunto de Eindohven llega tras aprovechar una incursión por la banda izquierda de Willem Kieft (10), quien ataca la espalda del central derecho, Danny Blind (2), y aprovecha que el interior derecho, Winter (6), no llega a hacer la cobertura para enviar un centro que remata Kalusha Bwalya (11). Se ve en la imagen 27.

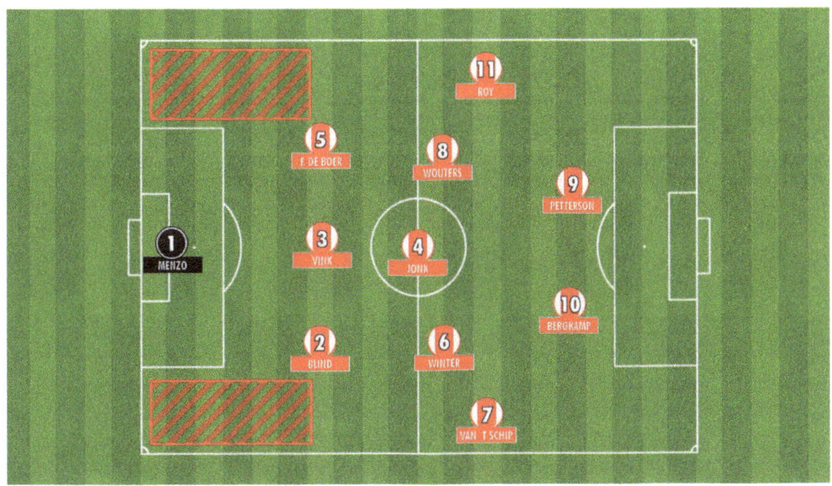

Imagen 26.

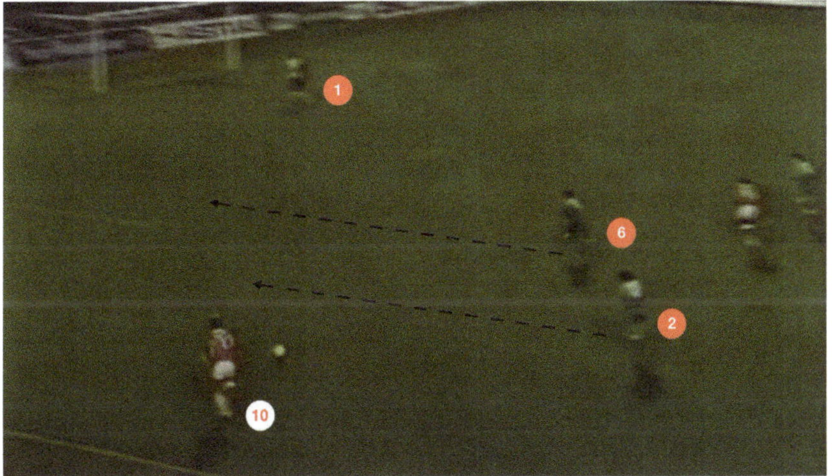

Imagen 27.

Otra circunstancia en la que los conjuntos de Van Gaal encuentran alguna dificultad es en los centros laterales al segundo palo. Lo refleja el partido de vuelta entre el Ajax de Ámsterdam y el Bayern de Múnich en las semifinales de la Champions League 94/95, con un envío desde la banda izquierda de la defensa, ejecutado porque no llega a tapar

el central izquierdo, Bogarde (5), que Marcel Witeczek (11) remata colándose entre el central derecho, Reiziguer (2), y el interior derecho, Ronald de Boer (6), como apreciamos en la imagen 28.

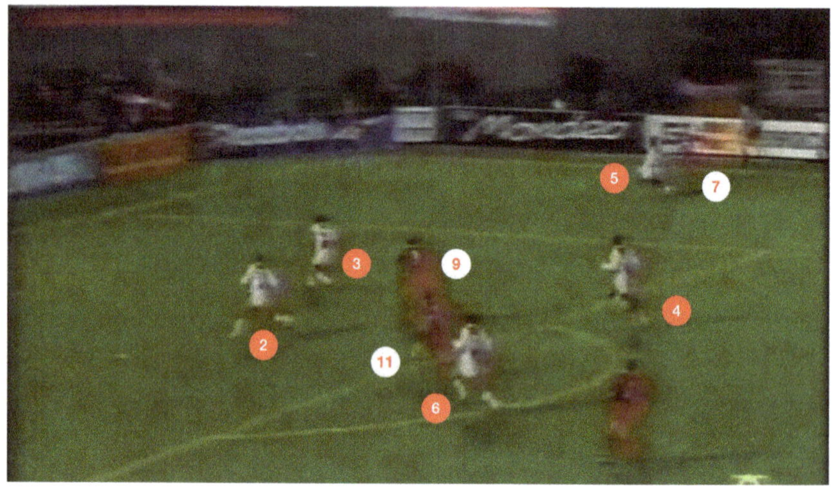

Imagen 28.

Otro ejemplo está en el partido entre los Países Bajos y Argentina en el Mundial 2014 disputado en Brasil, en el que el equipo argentino busca atacar las esquinas del campo. En la acción de la imagen 29 lo hace con un pase por la banda del lateral derecho, Pablo Zabaleta (4), al extremo, Ezequiel Lavezzi (22), que obliga al central, Ron Vlaar (2), a salir de su zona para hacerle la cobertura al lateral izquierdo, Dirk Kuyt (15), que ha salido a presionar el pase de Zabaleta (4) y al central izquierdo, Daley Blind (5), quien se encuentra siguiendo a su marca.

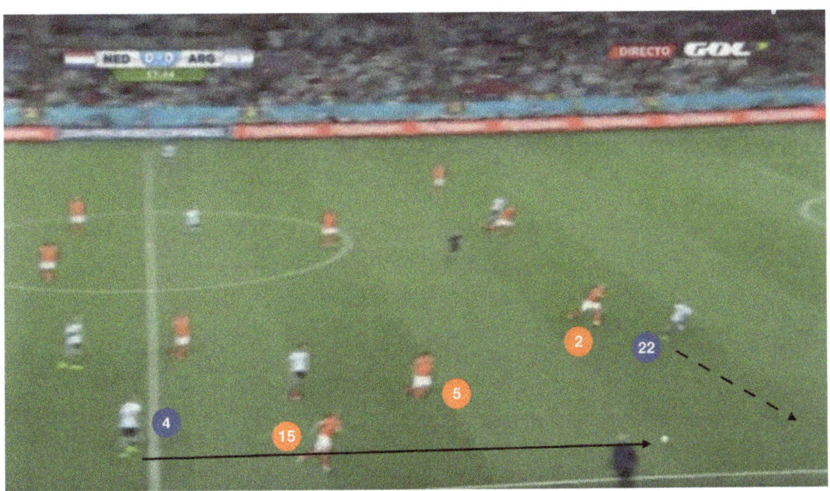

Imagen 29.

INCORPORACIÓN DE JUGADORES DE LA SEGUNDA LÍNEA: INTERIORES HACEN DE LATERALES

En cuanto a la solución de este problema de desprotección de las bandas, hemos visto que los interiores son los encargados de ayudar a los centrales a la hora de defender esos espacios laterales. No tanto los extremos, que suelen

quedarse descolgados en busca de una transición rápida y de ser una opción de pase lejana en el caso de recuperar la pelota.

Imagen 30.

Imagen 31.

En la imagen 31 vemos al interior izquierdo, Egdar Davids (8), ayudar en la banda al central izquierdo, Frank de Boer (5), para defender el costado y no sufrir situaciones de dos contra uno.

DEFENSA EN UN BLOQUE INTERMEDIO

Al contrario de la imagen generalizada del fútbol total neerlandés con una presión máxima por todo el campo, los equipos de Van Gaal proponen una presión en un bloque intermedio. Con ello permiten la salida de un central rival en conducción para que abandone su espacio y, una vez que se consigue el robo desde esa disposición, sea posible aprovechar ese hueco con transiciones rápidas con los jugadores alejados. Estas situaciones se repiten a lo largo de sus conjuntos.

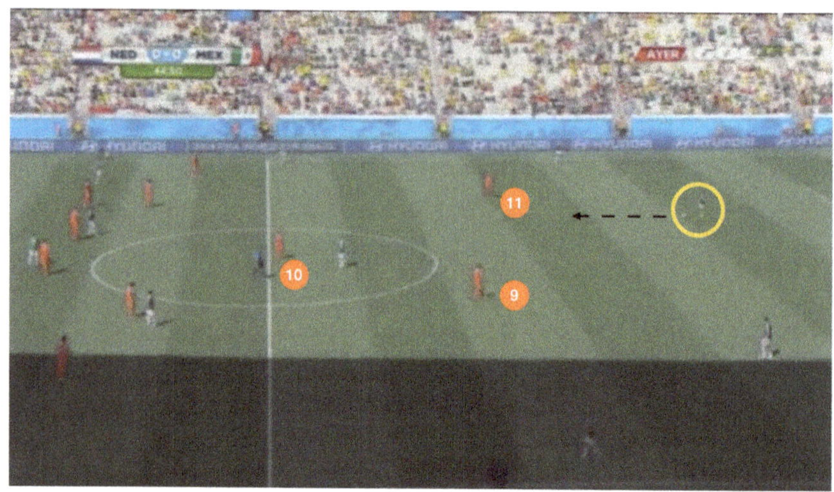

Imagen 32.

Frente a México en el Mundial 2014, una muestra de cómo los Países Bajos liberan al central en posesión y se disponen con los dos delanteros centro, Van Persie (9) y Robben (11), por delante del enganche, Sneijder (10).

Imagen 33.

En el España-Países Bajos se plantea la misma situación y con idénticos protagonistas en la primera línea de presión, que se retrasa para dejar avanzar al central; en este caso, Van Persie (9) y Robben (11) se abren más y Sneijder (10) se posiciona más arriba.

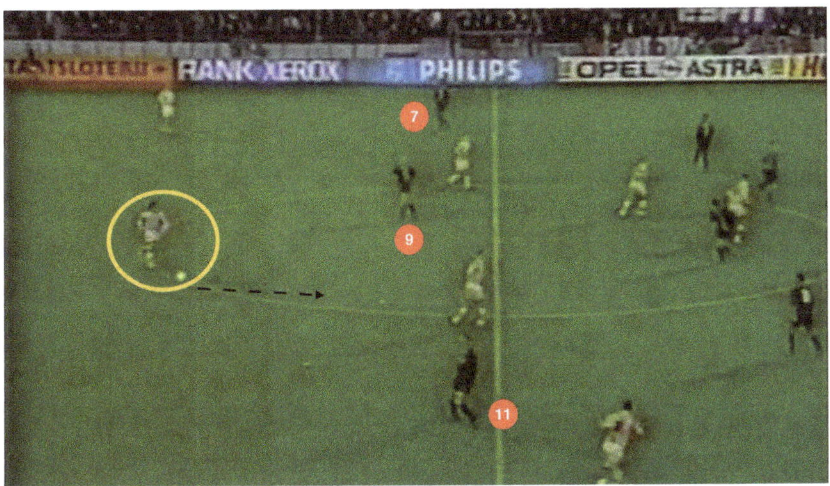

Imagen 34.

En el PSV-Ajax de la temporada 94/95, los jugadores más adelantados en la presión sobre el central que sale en conducción son el extremo izquierdo, Peter van Vossen (11); el delantero centro, Ronald de Boer (9); y el extremo derecho, Finidi George (7).

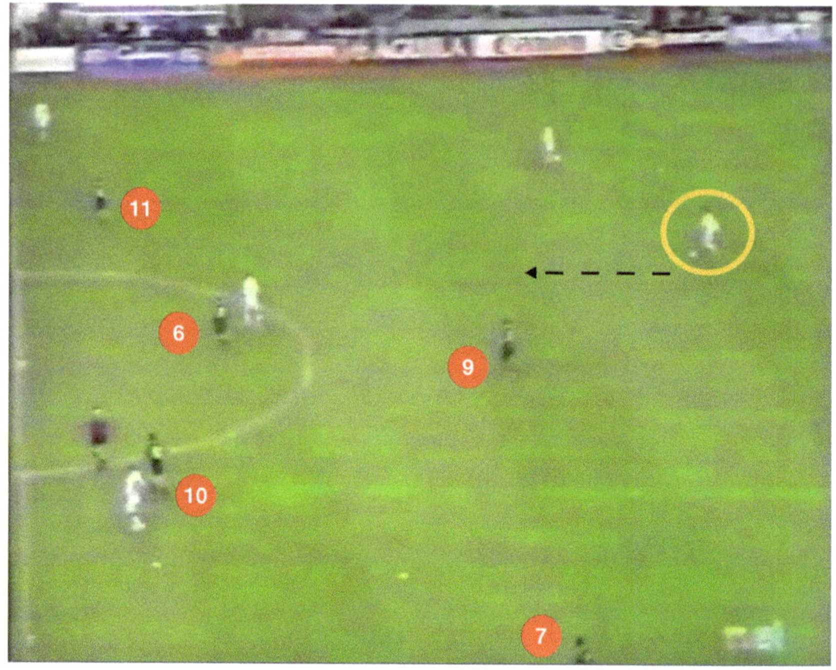

Imagen 35.

Un ejemplo del Real Madrid-Ajax en la fase de grupos de la Champions League de la temporada 95/96. Vemos la altura a la que están los futbolistas de la primera línea de presión con el delantero centro, Nwankwo Kanu (9); el extremo derecho, Finidi (7); el extremo izquierdo, Overmars (11); el enganche, Jari Litmanen (10); y el interior izquierdo, Ronald de Boer (6).

PRESIÓN ALTA

Una muestra de versatilidad y de que Van Gaal sea un entrenador que ha ido variando los planteamientos a lo largo de su carrera, se observa en que en distintos momentos ha optado por bloques de presión más altos. Cabe recordar que en sus inicios como técnico, el reglamento no contemplaba la cesión al portero con un libre indirecto en contra y que el fútbol ha ido evolucionando hacia un juego más táctico en el que cada vez se busca más un estilo combinativo en el que se inicia desde el guardameta. Por eso, al ser cada vez mejores los conjuntos y los planteamientos en la elaboración desde atrás, en sus últimos años en el banquillo el neerlandés opta por una presión más alta para cortar el flujo de juego del rival desde sus primeras líneas.

Sirve como ejemplo el duelo entre el Manchester United y el Totthenham en la temporada 15/16.

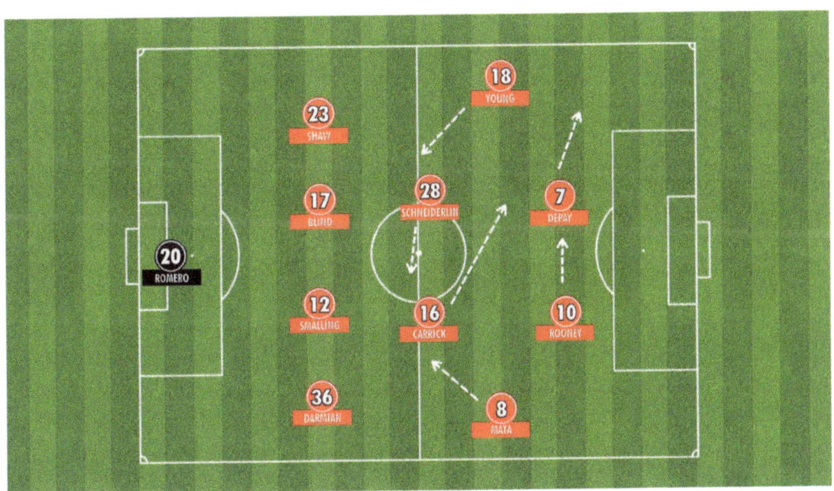

Imagen 36.

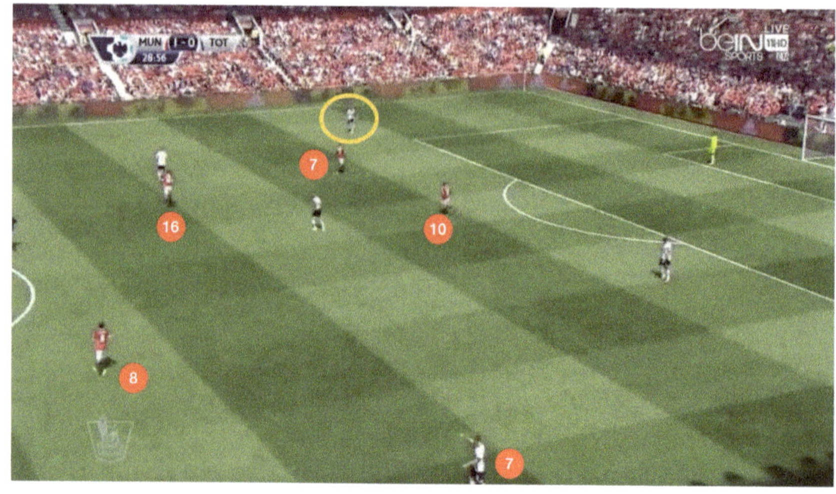

Imagen 37.

En la imagen 37 se puede apreciar la altura a la que inician la presión los delanteros centro, Wayne Rooney (10) y Memphis Depay (7), ya sin dejar progresar al central rival en conducción. A su vez, podemos ver cómo el mediocentro derecho, Michael Carrick (16), adelanta su posición a la de enganche para acompañar a los atacantes y cómo el extremo derecho, el del lado opuesto al balón, Juan Mata (8), se cierra para ayudar al mediocentro izquierdo, Morgan Schneiderlin (28).

FASE OFENSIVA

TERCER HOMBRE

Los equipos de Van Gaal, por norma general, tienen clara la idea de jugar un fútbol sencillo o "fácil", como se suele decir. Aun así, "jugar al fútbol es muy simple, pero jugar un fútbol simple es la cosa más difícil que existe", como dijo Johan Cruyff. Poder desarrollar su estilo de una forma tan sencilla y ejecutarlo con tanta brillantez es uno de los grandes logros del entrenador neerlandés.

Uno de los conceptos más repetidos en los conjuntos de Van Gaal es el conocido como tercer hombre. No es más que encontrar, a través de un apoyo, una línea de pase a un tercer compañero que para el primer jugador, el poseedor, está cerrada. Para ello ha contado siempre con futbolistas que dominan el juego de espaldas y tienen claro que deben descargar con sencillez para poner a otros jugadores en ventaja.

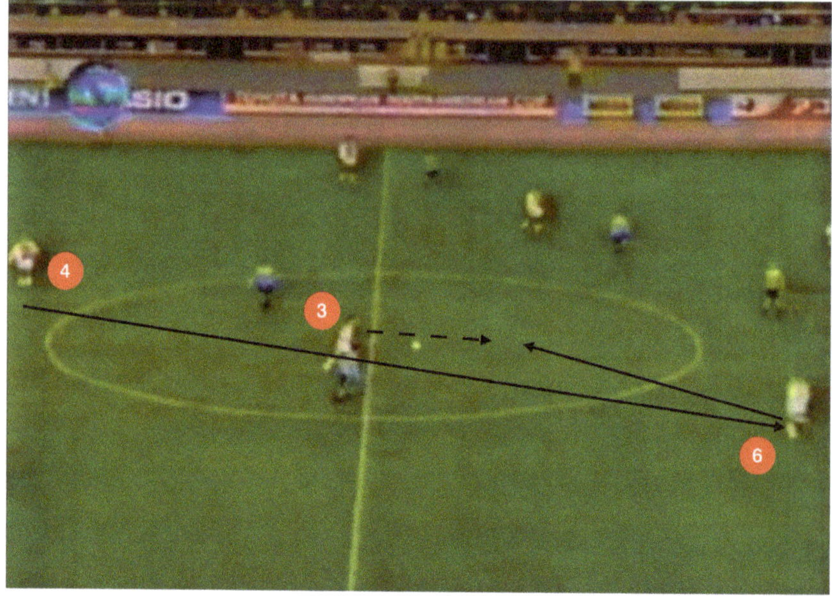

Imagen 38.

Una muestra de esta constante está en la final de la Copa Intercontinental de la temporada 95/96, en el Ajax-Grêmio. En la imagen 38 vemos cómo el central, Frank de Boer (4), quiere conectarse con el mediocentro, Danny Blind (3), y lo hace a través de un apoyo intermedio del interior derecho, Ronald de Boer (6).

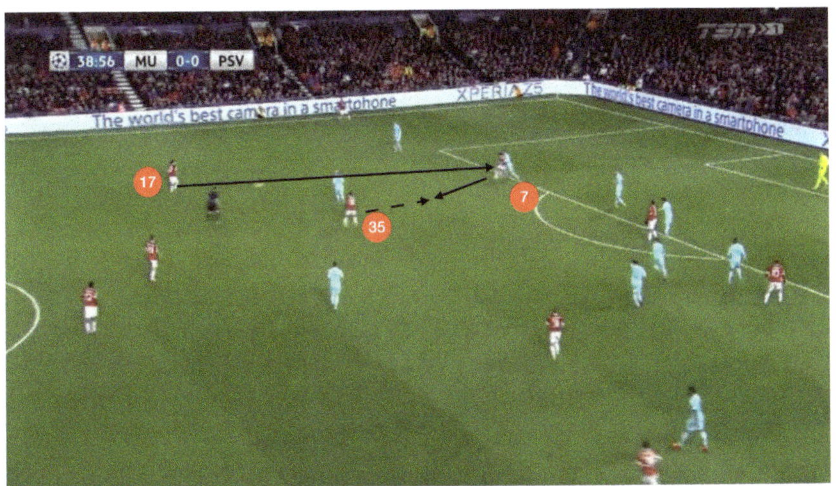

Imagen 39.

Desde ese momento hasta la temporada 15/16 se mantiene el concepto, como lo refleja esta acción en el Manchester United-PSV que involucra, casualmente, al hijo de uno de los protagonistas de la jugada anterior. En la imagen 39 se aprecia cómo Daley Blind (17) juega con Memphis Depay (7) para llegar hasta Jesse Lingard (35). Es decir: el primer hombre es Daley Blind (17), el segundo es Depay (7) y el tercero, el que se busca como destinatario final de la maniobra, es Lingard (35), que ya está de cara a la portería rival.

LA BÚSQUEDA DEL JUEGO INTERIOR: UN PASE ADELANTE Y UNO DE CARA

En una ocasión Louis Van Gaal manifestó: "El pase vertical no es un pase de riesgo porque vas a tener siempre jugadores por detrás del balón". Esto se puede ver claramente en los planteamientos de sus equipos, que en su mayoría buscan la salida vertical por adentro. La ejecución de maniobras de tercer hombre de una forma tan sistemática responde a esa propuesta de juego interior.

Es raro ver a los dirigidos por el neerlandés enlazar dos pases seguidos para atrás. Su filosofía se podría resumir en un pase adelante y uno de cara, uno adelante y uno de cara... No es solo ejecutar la acción del tercer hombre, sino tratar de que el siguiente envío o la continuidad de la jugada sean útiles para hacer progresar al equipo.

Sirve como ejemplo esta secuencia de las imágenes 40 y 41, en la que el mediocentro, Richard Witschge (8), juega en vertical para el delantero Ronald de Boer (6), que descarga de cara sobre él para que envíe el balón otra vez hacia delante con Jari Litmanen (10).

Imagen 40.

Imagen 41.

JUEGO DE POSICIÓN

Para conseguir un buen juego interior, los equipos de Van Gaal recurren a un juego de posición con los extremos muy abiertos sin prácticamente intervenir en el inicio, ya que así abren al oponente por afuera y se tiene espacio por adentro. Como dice Juanma Lillo: "Lo que sucede adentro depende de lo de afuera, y viceversa". Si se abre totalmente el campo en ataque, el rival está pendiente de los futbolistas en amplitud y no puede cerrar bien los sectores interiores.

En la imagen 42 podemos apreciar cómo los jugadores encargados de estirar horizontalmente al adversario están todo lo abiertos que pueden. En la banda izquierda aparecen el lateral, Luke Shaw (3), y el extremo, Ashley Young (18). En la banda derecha el que ensancha el campo es el lateral, Antonio Valencia (25), y el extremo derecho, Juan Mata (8), también se encuentra pegado a la línea de cal, aunque no sale en el cuadro. Así se permite el juego interior de Ander Herrera (21), Rooney (10), Marouane Fellaini (31) y Radamel Falcao (9).

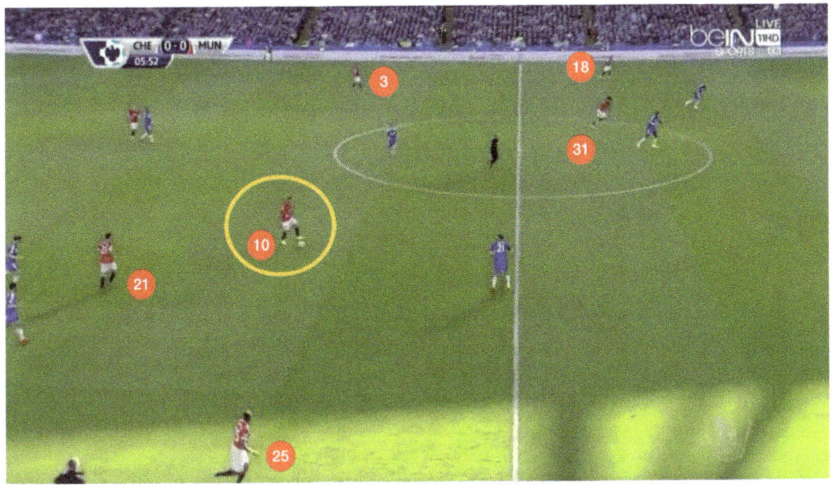

Imagen 42.

LIBERTAD EN LA ZONA DE FINALIZACIÓN

Conforme los equipos de Van Gaal progresan en la búsqueda de la portería rival, la rigidez de conservar las directrices del juego de posición se va reduciendo. Si bien en las fases de inicio y creación los jugadores más adelantados tienen que ayudar sin participar directamente, abriendo el campo y estirando al rival, en los últimos metros, en la zona de finalización, se desata una libertad apoyada en su calidad técnica e interpretación táctica. Esto se basa, especialmente, en el enorme potencial ofensivo que normalmente tienen los conjuntos dirigidos por el nacido en Ámsterdam.

En la imagen 43 vemos al extremo izquierdo, Luis Figo (7), que abandona la banda y realiza un movimiento afuera-adentro para jugar con el mediocentro, Iván de la Peña (23), y acompañar a los interiores, Rivaldo (11) y Luis Enrique (21); al extremo derecho, Dragan Ciric (16); y al delantero centro, Christophe Dugarry (15).

Imagen 43.

Si bien por la imagen 43 es posible pensar que, al ser un jugador diestro en la banda izquierda, es natural que Figo (7) tienda a buscar una posición más centrada y aproveche su pierna natural para hacer diagonales desde la banda al interior del campo, este comportamiento también se ve cuando no parte desde esa posición. La imagen 44, correspondiente a un FC Barcelona-Real Madrid de la temporada 97/98, muestra cómo el extremo izquierdo, Rivaldo (11), cuenta con la ayuda del portugués (7), que es el extremo derecho y llega desde la banda contraria para darle un apoyo cercano al brasileño (11).

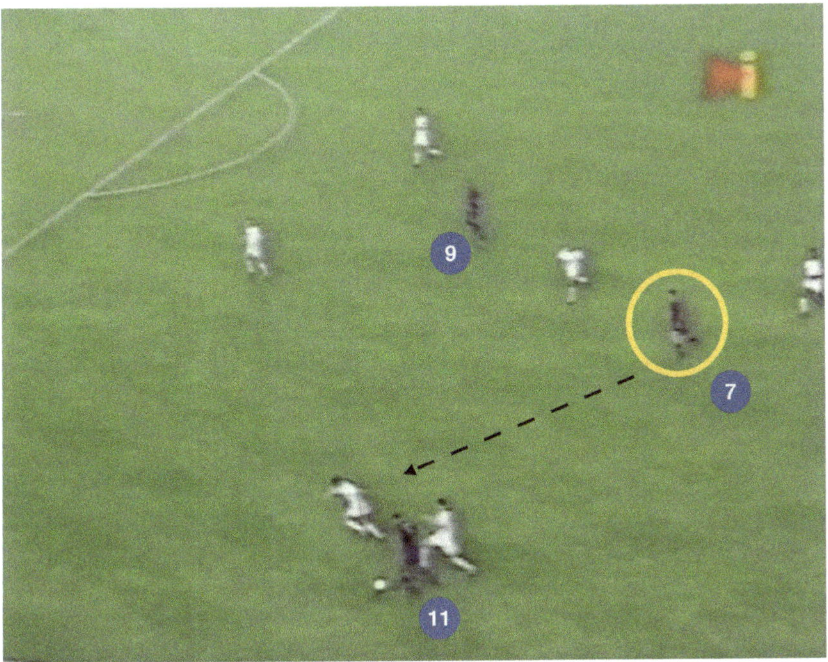

Imagen 44.

EL "9" REFERENCIA

Para su búsqueda interior, los equipos de Van Gaal siempre han requerido, en posiciones adelantadas, de futbolistas que entiendan muy bien el juego de espaldas. En su mayoría son jugadores corpulentos con los que el equipo puede encontrar una solución alejada que proteja la pelota y descargue de cara a los compañeros que van a recibir. En el Ajax, el neerlandés cuenta con delanteros referencia como Steffan Petterson (1,82 m.), Dennis Bergkamp (1,83 m.), Nwankwo Kanu (1,97 m.) y Patrick Kluivert (1,88 m.). A este último también lo entrena en el FC Barcelona, donde además tiene a Christophe Dugarry (1,88) y Juan Antonio Pizzi (1,85) a lo largo de su estadía allí.

Por el contrario, Sonny Anderson (1,81), por ejemplo, un delantero más de buscar el balón al espacio y estar continuamente intentando ayudar al equipo con infinitos desmarques, tiene un recorrido muy corto con Van Gaal a pesar de ser un "9" de nivel mundial, ya que no domina tanto el juego de proteger y descargar de cara. Para dejar clara esa preferencia, en el Manchester United incluso llega a alinear a Marouane Fellaini (1,94 m.) como delantero referencia con el que buscar una salida lejana. Además, a lo largo de su trayectoria, ha trabajado con otros nombres como Robin van Persie (1,86 m.), Mario Gómez (1,89 m.) o el croata Ivica Olic (1,82 m.), un jugador muy potente y fuerte.

En la imagen 45 vemos un lanzamiento en largo sobre el delantero centro, Kluivert (9), para que descargue de cara sobre el enganche, Rivaldo (11), o el extremo derecho, Figo (7), en un Valencia-Barcelona de la temporada 99/00.

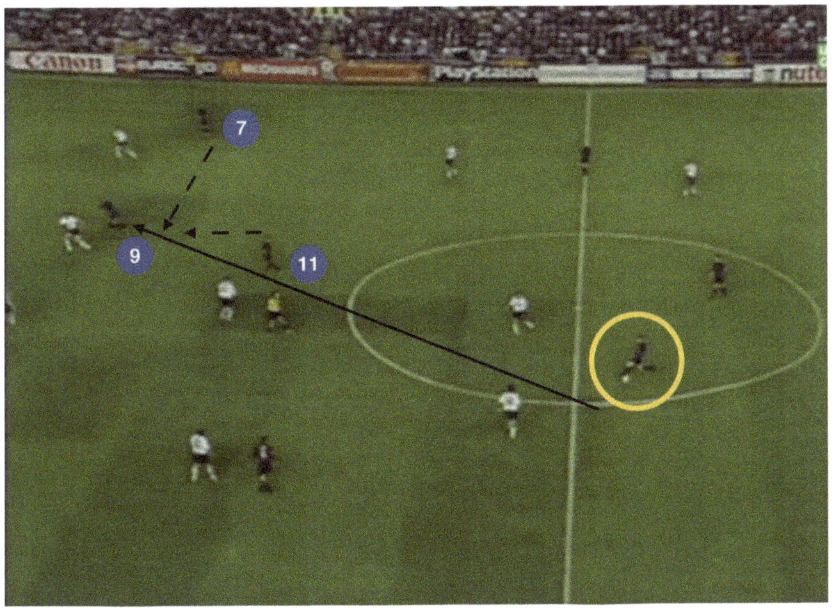

Imagen 45.

EL FALSO 9

En su búsqueda de futbolistas con buen entendimiento táctico y juego asociativo, Van Gaal ha colocado en la

posición de delantero centro a jugadores no tan habituales para esa posición. Por ejemplo, a Ronald de Boer, en su momento uno de los futbolistas más versátiles del mundo: el entrenador neerlandés lo alinea de lateral, interior, extremo, delantero y un sinfín de colocaciones en las que siempre cumple con un rendimiento notable.

La imagen 46 refleja la función de Ronald de Boer (9) como falso nueve, para sacar a los centrales rivales de zona y generar un espacio a explotar por un compañero. En este caso es el interior derecho, Seedorf (6), quien realiza un desmarque de ruptura.

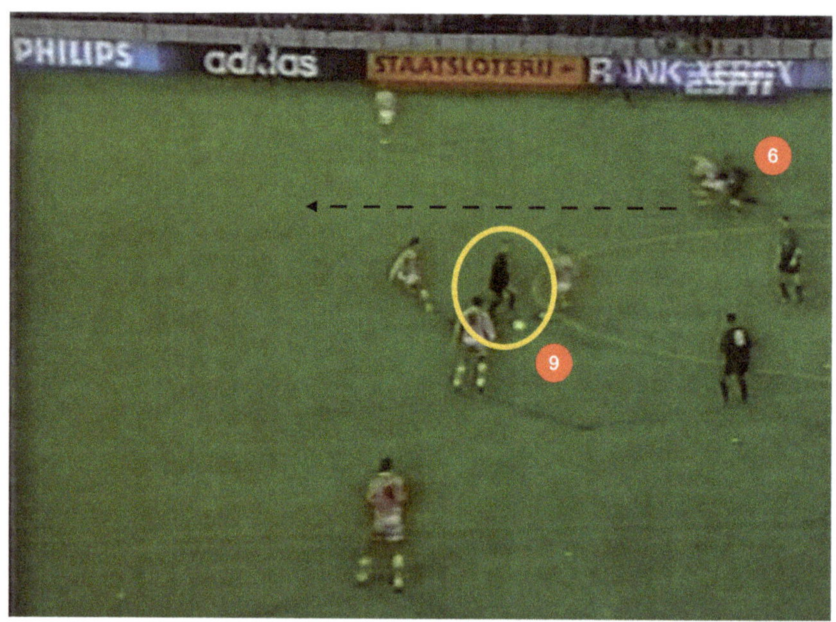

Imagen 46.

JUEGO CON DOS DELANTEROS

Van Gaal no siempre ha propuesto esquemas con un solo delantero. En el Mundial 2014, como hemos visto, opta por una formación con dos puntas de mucha movilidad que cuentan con libertad para desplazarse, como Arjen Robben (11) y Robin van Persie (9). Una maniobra que ejecutan y buscan con frecuencia es el desmaque en diagonal del atacante alejado, que en el caso de la imagen 47 es Van Persie (9), mientras el otro integrante de la dupla, Robben (10), va en apoyo del poseedor del balón que en esta acción es el enganche, Sneijder (10), para atraer a los centrales y crear un espacio. En esta jugada, Van Persie (9) intenta aprovechar ese hueco a la espalda de la última línea con un desmarque de ruptura.

Imagen 47.

ATACAR LOS ESPACIOS ANTE UNA LÍNEA DE PRESIÓN INTERMEDIA-ALTA

Los equipos de Van Gaal tienen muy claro para qué quieren disponer de la pelota. Una vez que consiguen atraer al rival para intentar robarles el balón, atacan rápidamente los espacios descubiertos. Esto se ve claramente en los pases largos sobre los extremos, a los que encuentran directamente.

Un ejemplo está en las imágenes 48 y 49, de un Bayern-Ajax en la Champions League de la temporada 94/95. Podemos apreciar cómo, ante un bloque de presión intermedio y con espacios a la espalda de los centrales contrarios, el interior izquierdo, Seedorf (8), levanta la cabeza y ve el desmarque en profundidad del extremo izquierdo, Overmars (11), quien para librarse de la marca del defensor suele hacer un movimiento de engaño para ganar en la carrera.

Imagen 48.

Imagen 49.

Pero los equipos de Van Gaal no solo encuentran y atacan ese espacio de forma directa. A veces recurren a un apoyo intermedio para que el balón pase por un delantero con un buen juego de espaldas y ahí se dé el desmarque al sector libre.

Lo refleja la secuencia de las imágenes 50 y 51. El balón lo tiene el central izquierdo, Bogarde (5), y vemos una presión alta del Real Madrid. El delantero centro, Kluivert (9), realiza lo que se puede considerar una maniobra de falso nueve, bajando a recibir para sacar de sitio a un zaguero rival y que descubra su espalda. A su vez, Overmars (11) lleva a cabo su jugada de distracción: al ser un extremo veloz, con frecuencia busca acercarse al poseedor, este caso Bogarde (5), para que su marca lo siga y deje un hueco detrás, lo que le permite hacer una finta y romper al espacio.

Imagen 50.

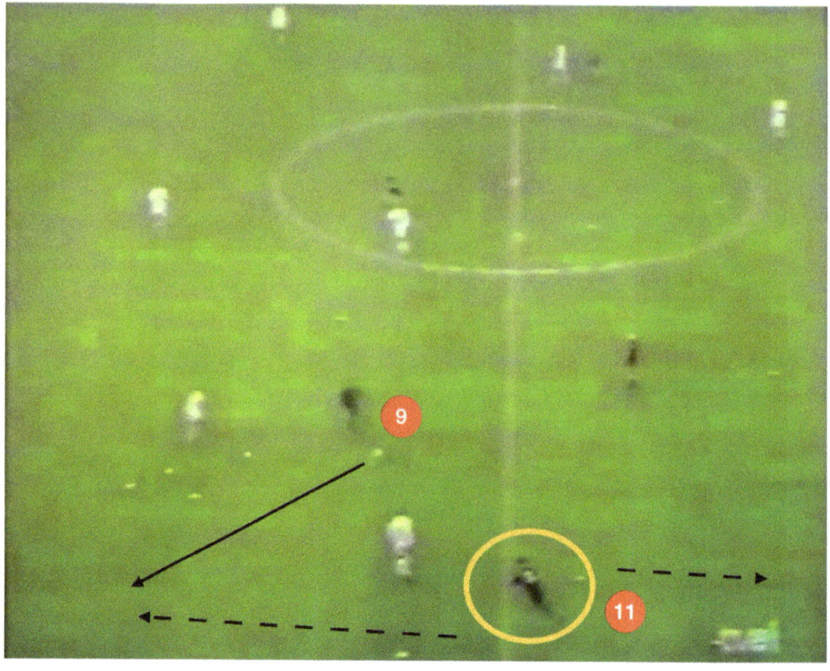

Imagen 51.

En la imagen 51 se ve claramente cómo Kluivert (9) baja para ser un apoyo intermedio y conectar con Overmars (11), que previamente se acerca a Bogarde (5, imagen 50) para conseguir crear un espacio a la espalda del lateral que lo marca.

EXTREMOS A PIE CAMBIADO

En la continuidad de las conductas de los extremos, Van Gaal también los ha utilizado a pie cambiado. Lo hace, fundamentalmente, en su etapa alemana en el Bayern de Múnich, ya que recurre a esta variante al contar en su equipo con dos auténticos especialistas en trazar diagonales en conducción con movimientos de afuera hacia dentro: Franck Ribéry y Arjen Robben.

La imagen 52 corresponde a la final de la Champions League de la temporada 09/10, disputada entre su Bayern y el Inter de Milán de José Mourinho. El portugués, curiosamente, fue parte del cuerpo técnico del neerlandés en Barcelona. Es interesante lo que cuenta Luis Enrique, por aquel entonces jugador del conjunto blaugrana, sobre cómo se produjo esa circunstancia.

Mourinho llegó a Barcelona en la temporada 96/97 para formar parte del cuerpo técnico de Bobby Robson, aunque finalizada la campaña la directiva decidió que el entrenador para la temporada 97/98 fuera Louis van Gaal. Y cuenta el asturiano que el entrenador neerlandés dijo: "José se queda, porque José me dice la verdad". Es una anécdota que deja muy a las claras el carácter de ambos.

En la jugada de la imagen 52 podemos ver cómo el extremo derecho, el zurdo Robben (11), parte en conducción desde la banda al interior del campo y cómo ese movimiento es compensado por el delantero Thomas Müller (25). El alemán (25) no solo arrastra a los jugadores interiores para dejarle espacio al neerlandés (11), sino que también aprovecha el espacio que dejan los rivales que persiguen al extremo en su conducción.

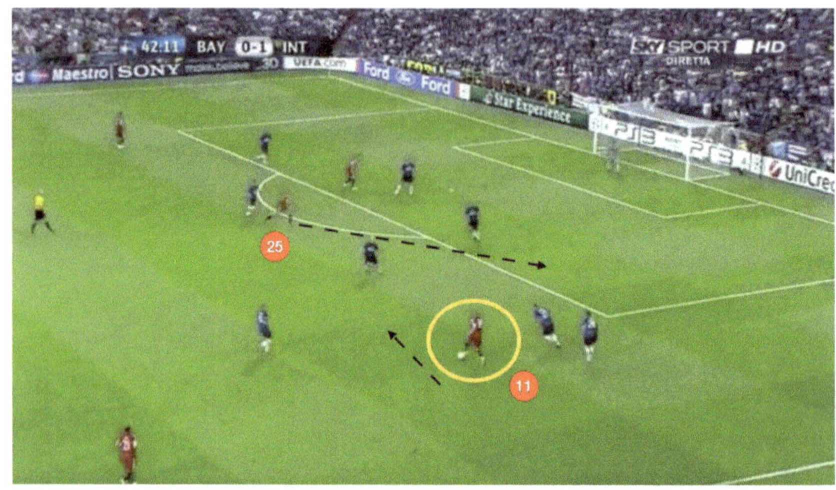

Imagen 52.

TRIÁNGULOS OFENSIVOS: LATERAL/CENTRAL-INTERIOR-EXTREMO

En las bandas, Van Gaal siempre ha buscado movimientos muy interesantes que consigan tener, al menos, un jugador en amplitud máxima y que permitan trangulaciones lo más cercanas al área posible. De no ser así, se producen desplazamientos compensatorios a cargo del lateral (o del central de ese lado si el esquema es de línea de tres), el interior o el extremo. Esto se puede ver en varias situaciones.

La imagen 53 muestra cómo el extremo derecho, Finidi (7), está dando amplitud máxima, pero no consigue alcanzar profundidad cercana al área. Por eso, el interior derecho, Seedorf (6), es el encargado de hacer un desmarque de ruptura en el costado para conseguir estirar al equipo.

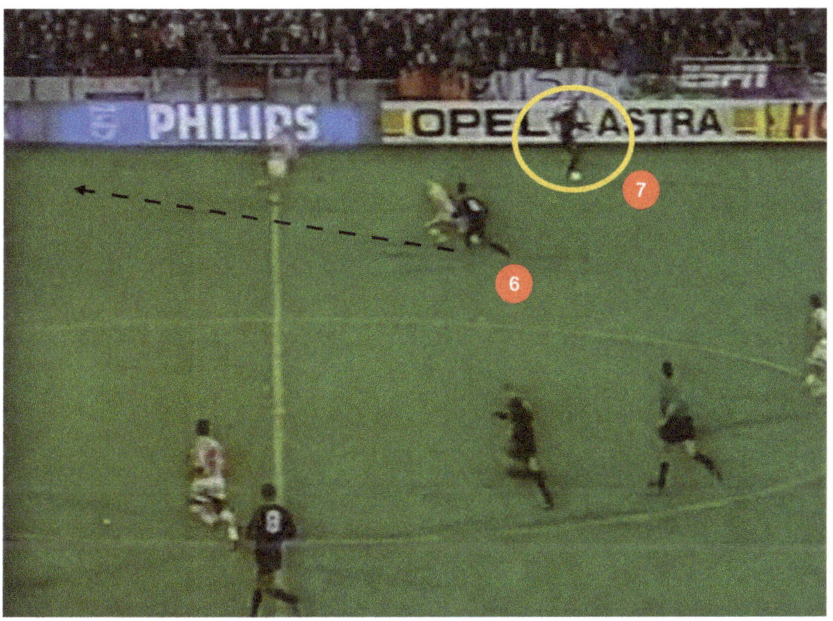

Imagen 53.

En la imagen 54 observamos al central derecho, Reiziger (22), en posesión de la pelota y el que da amplitud es el extremo derecho, Figo (7). Una vez más, el interior derecho, Luis Enrique (21), se prepara para hacer un desmarque para aprovechar los espacios interiores.

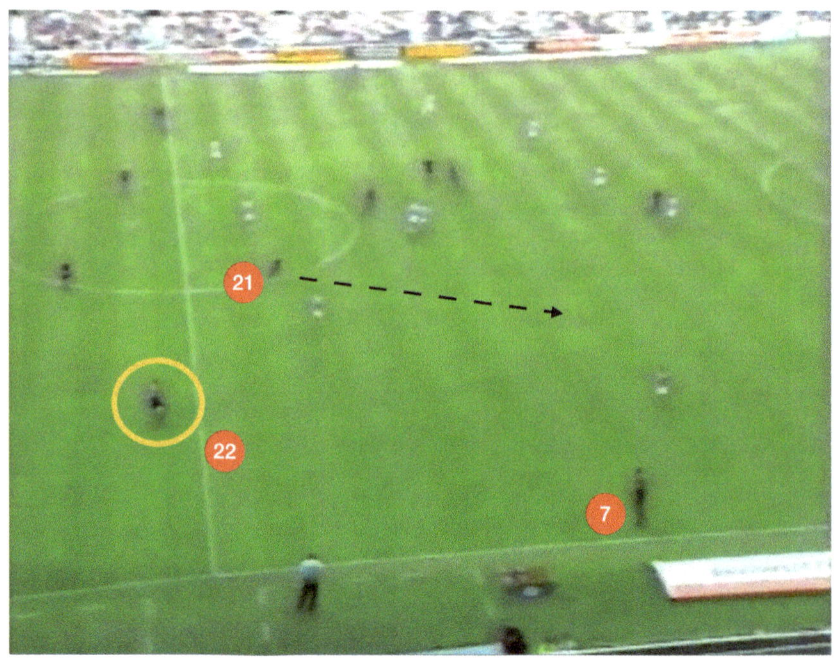

Imagen 54.

En esa misma temporada, en un partido contra el Newcastle United en la Champions League, se da una acción distinta: debido a que el extremo derecho, Figo (7), opta por ocupar el espacio del interior derecho, Luis Enrique (21), este compensa el movimiento del portugués (7) y le da una amplitud máxima al equipo, como se ve en la imagen 55.

Imagen 55.

Por último, repasamos dos situaciones del Manchester United de la campaña 14/15 en las que se aprecian, claramente, los movimientos compensatorios entre el lateral, el interior y el extremo en búsqueda de lograr profundidad desde la amplitud. En la imagen 56 el balón lo tiene el central izquierdo, Rojo (5), y es el lateral izquierdo, Shaw (3), el que da una amplitud máxima, ya que el extremo izquierdo, Young (18), abandona la banda y deja el carril lateral libre para que se incorpore. El interior izquierdo, Herrera (21), fija por dentro a los interiores rivales para que duden con quién ir, si con él o con Young (18).

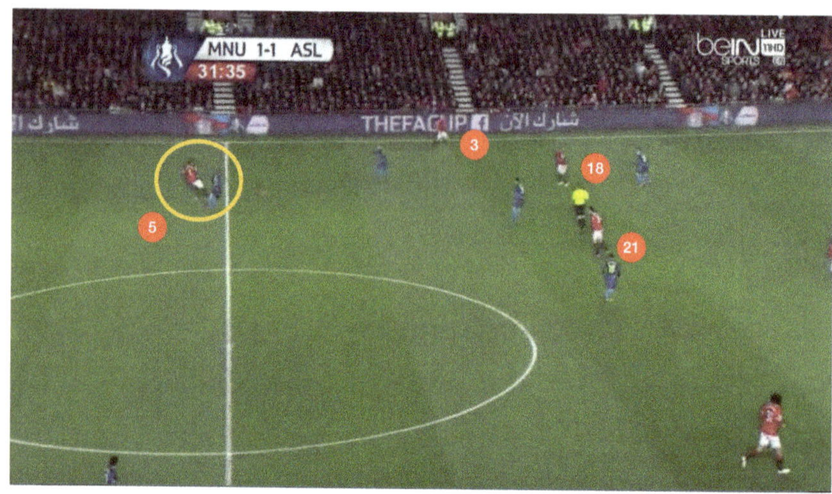

Imagen 56.

En el mismo partido se da este otro comportamiento que podemos ver en la imagen 57. En este caso es el lateral izquierdo, Shaw (3), el que tiene el balón, siendo el extremo izquierdo, Young (18), el que da la amplitud. Como no consigue profundidad máxima, el interior izquierdo, Fellaini (31), realiza un desmarque en ruptura para conquistar los balcones del área.

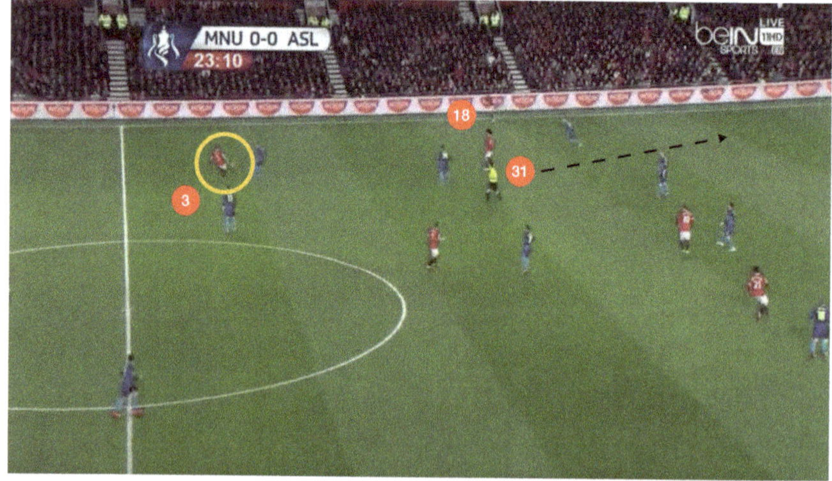

Imagen 57.

EL PAPEL DE LOS LATERALES

Es muy interesante analizar un movimiento de los laterales en su etapa alemana en el Bayern de Múnich. En la salida de balón no toman mucha profundidad o altura, ya que así atraen al extremo rival y generar espacios interiores que pueden ser aprovechados por los extremos con movimientos afuera-adentro.

Lo podemos ver en la imagen 58, en la que el central izquierdo, Demichelis (6), está en disposición de la pelota y el lateral izquierdo, Holger Badstuber (28), no sube para atraer al extremo rival y generar un espacio interior que aprovecha el extremo izquierdo, Ribéry (7).

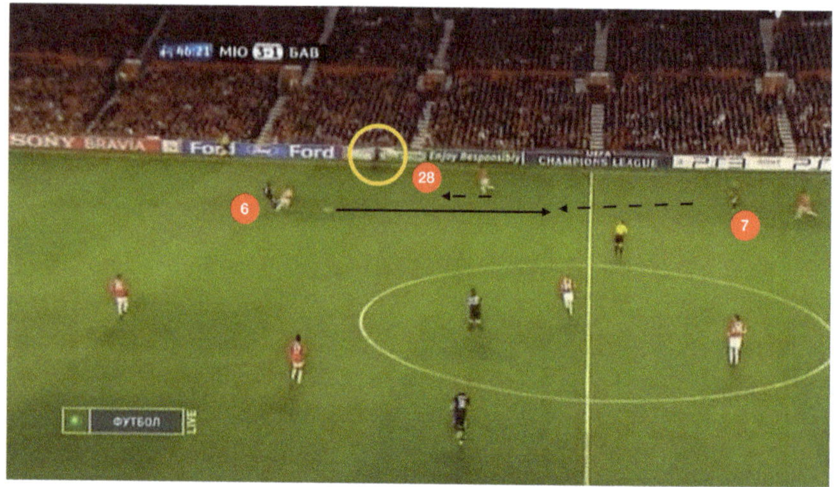

Imagen 58.

Al disponer en Alemania de extremos muy buenos en el uno contra uno, los laterales no suelen prodigarse en desdoblamientos en ataque para no llevarles más jugadores a la zona de actuación. A la vez, eso les permite estar bien colocados para las vigilancias en caso de pérdidas.

En la imagen 59 vemos cómo el lateral derecho, Philipp Lahm (21), no va a la ayuda ofensiva de su extremo, Robben (10), ya que es consciente de que va a intentar la acción individual. No le arrastra a más rivales con su movimiento, le da un apoyo de cara a la portería y, además, está preparado para defender una posible transición ataque-defensa.

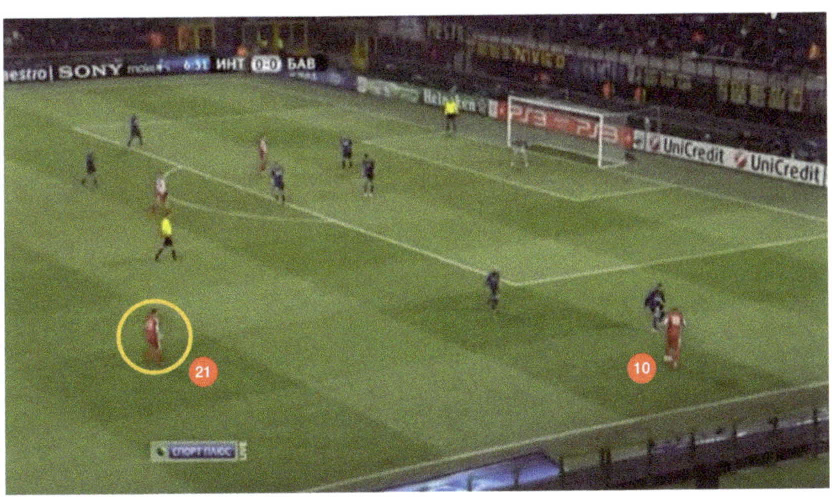

Imagen 59.

En la imagen 60 lo vemos también en la otra banda con el extremo izquierdo, Ribéry (7), y cómo el lateral izquierdo, Badstuber (28), no le hace la ayuda ofensiva desdoblando por la banda. Al ser un jugador diestro que se encuentra en la banda izquierda, el francés (7) arranca por adentro y, como el lateral se queda más retrasado, tiene que ser el mediocentro izquierdo, Schweisteinger (31), el que hace movimientos de arrastre para dejarle el interior del campo y dar amplitud.

Imagen 60.

LA SALIDA POR AFUERA: LOS LATERALES BAJOS EN LA CIRCULACIÓN

Como ya hemos visto, los equipos de Van Gaal se caracterizan por buscar un juego interior, ayudado por las salidas con el jugador lejano para que descargue el pase de cara sobre los jugadores de las líneas intermedias y así sea posible progresar (las acciones de "tercer hombre"). Pero el neerlandés es un entrenador muy camaleónico que, sobre todo en sus últimos ciclos, apuesta por explotar los recursos de los que dispone. Si en el Bayern sus jugadores más desequilibrantes, Ribéry y Robben, se encuentran en las bandas, entonces propone una circulación por afuera para encontrarlos.

Como vemos en la imagen 61, en el conjunto bávaro no suele apostar por una salida de tres, sino que se puede decir que es una salida de cuatro. Los laterales, Philipp Lahm (21) y Danijel Pranjić (23), no toman altura para facilitar la circulación de los centrales, Anatoliy Timoshchuk (44) y Holger Badstuber (28). Al no avanzar, Lahm (21) y Pranjić (23) obligan a ir muy arriba en la presión a los extremos rivales y así se descubre un espacio para la línea de pase del croata (23) hacia Ribéry (7).

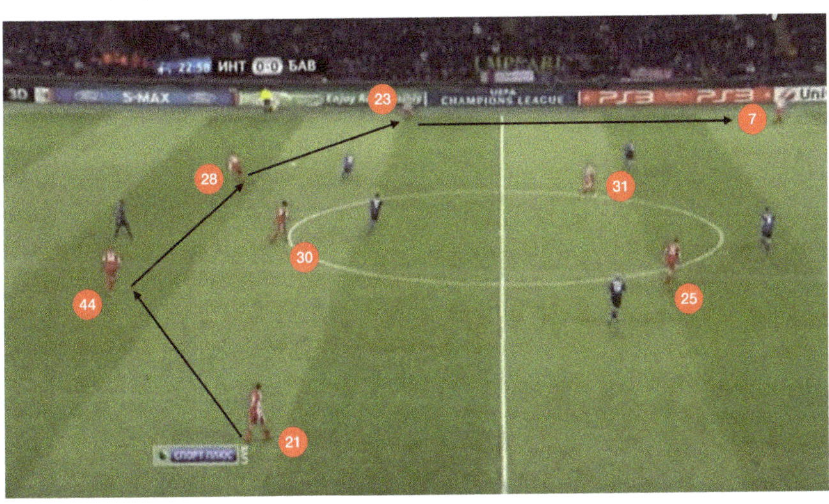

Imagen 61.

Además, como vemos en la imagen 61, los mediocentros Luiz Gustavo (30) y Bastian Schweinsteiger (31), no suelen meterse entre los centrales o entre un central y un lateral para hacer una salida de tres. En cambio, uno de los dos, en este caso el brasileño (30), se ubica en el eje central del campo mientras su pareja, que en esta acción es el alemán (31), se adelanta para buscar estirar al equipo y encontrar diferentes soluciones casi a la altura del enganche, Thomas Müller (25).

MOVIMIENTOS DEL DOBLE PIVOTE

Este balanceo de la pareja de mediocentros es una constante en su Bayern de Múnich, donde opta por esquemas como el 4-2-4 o el 4-2-3-1 y siempre utiliza dos futbolistas en la sala de máquinas del equipo. La imagen 62 muestra con claridad cómo uno de ellos, Schweinsteiger (31), se sitúa en el eje y el otro, Mark van Bommel (17), toma altura hasta practicamente juntarse con el enganche, Müller (25).

Imagen 62.

Al ser el Bayern un equipo que juega muy abierto y con muchos jugadores de un marcado perfil ofensivo, en ocasiones el bloque se descompone en atacantes y defensores. En la parte ofensiva están los dos extremos, el enganche y el delantero centro, mientras que la defensiva la integran los centrales y los laterales (que, como ya hemos visto, no se proyectan con frecuencia). En el medio se encuentran los dos mediocentros, que tienen que abarcar mucho campo en la elaboración y también llegar en las ayudas defensivas.

Esto provoca que muchas veces no puedan estar cerca de los centrales, por lo que su espalda se convierte en un punto débil que los rivales buscan aprovechar. Se ve en su visita al Manchester United en la temporada 09/10. En la imagen 63 podemos ver cómo Wayne Rooney (10) busca la espalda de la pareja de mediocentros, Van Bommel (17) y Schweinsteiger (31). Como los dos están muy separados de la línea defensiva, esto hace que el central derecho, Daniel van Buyten (5), tenga que saltar a la presión, lo que genera un espacio que aprovecha Darron Gibson (31) para colarse y anotar el 1-0, en un partido que le acabaría dando el pase a la semifinal de la Champions League al equipo de Louis van Gaal.

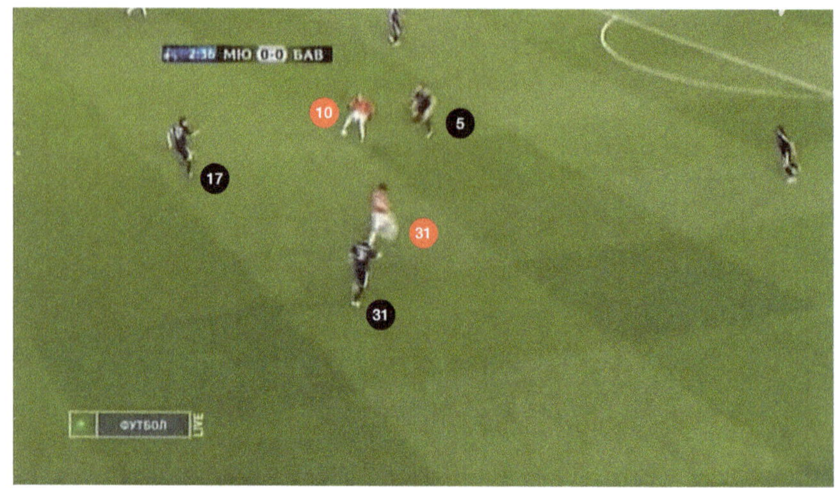

Imagen 63.

SALIDA DE TRES: RECONVERTIR JUGADORES

Si utilizan esquemas de tres jugadores en la última línea defensiva, los equipos de Van Gaal no buscan la salida de tres a través de ninguna maniobra porque ya la encuentran en la propia estructura y la disposición. Lo que sí ha propuesto el neerlandés es colocar a jugadores con buen pie y capacidad organizativa entre los tres zagueros para poder progresar de manera limpia y clara.

Si bien eso lo solventa con Danny Blind en sus primeros planteamientos en el Ajax, al llegar a Barcelona hace alguna prueba para dar con el hombre que le dé esa primera ventaja con el balón. Es por ello que reconvierte a jugadores como Albert Celades, Pep Guardiola, Xavi Hernández y Phillip Cocu (a su compatriota lo llega a poner en varias posiciones, incluso de lateral izquierdo), todos centrocampistas a los que busca acomodar en la línea de inicio.

En la imagen 64 podemos ver a Guardiola (4) en el eje, ejecutando una salida de tres con Sergi Barjuan (12) y Michael Reiziger (22). Puede sorprender que un zurdo como Sergi (12) esté en la banda derecha y que un diestro como Reiziger (22) se encuentre en la izquierda, pero esto se debe al sistema de marcajes individuales que pone en práctica en su aterrizaje en España durante la temporada 97/98, como hemos repasado, que hace que también en la fase ofensiva se den circunstancias llamativas como esta.

Imagen 64.

Esto no solo trae consigo situaciones como la que hemos analizado de tener a jugadores actuando en un perfil contrario a su pierna dominante (zurdos en la derecha, y viceversa), sino que también puede suceder que futbolistas no acostumbrados a defender centros laterales como marcadores centrales tengan que hacerlo. La imagen 65 muestra una acción de ese mismo partido en la que, frente a un envío desde el costado, Guardiola (4) defiende el área pequeña ante un gran llegador como Cocu (8), quien convierte de cabeza.

Imagen 65.

Es decir: reconvertir a centrales a este tipo de futbolistas creadores para tener una salida limpia del balón tiene su parte positiva, ya que construyen el juego de una manera excelente, pero también su lado menos positivo, al tener que emplearlos en acciones defensivas más propias de otro perfil de jugadores.

Por otro lado, en ocasiones en las que ha formado con una línea defensiva de cuatro ha buscado esa salida de tres incorporando a uno de los miembros de la zaga a la siguiente línea de mediocentros. Un central adelanta su posición en inicio y se incrusta en el centro del campo para dar otra altura de pase. Lo vemos en la secuencia de imágenes 66 y 67, en un partido Feyenoord-Ajax en la final de la Supercopa del año 1993. Ese día forma con una línea de cuatro compuesta por Danny Blind (2) como lateral derecho; Michel Kreek (4) y Frank de Boer (3), como centrales; y Sonny Silooy (5), en el lateral izquierdo.

Podemos ver en la imagen 66 la línea de tres formada por Blind (2), Kreek (4) y Silooy (5).

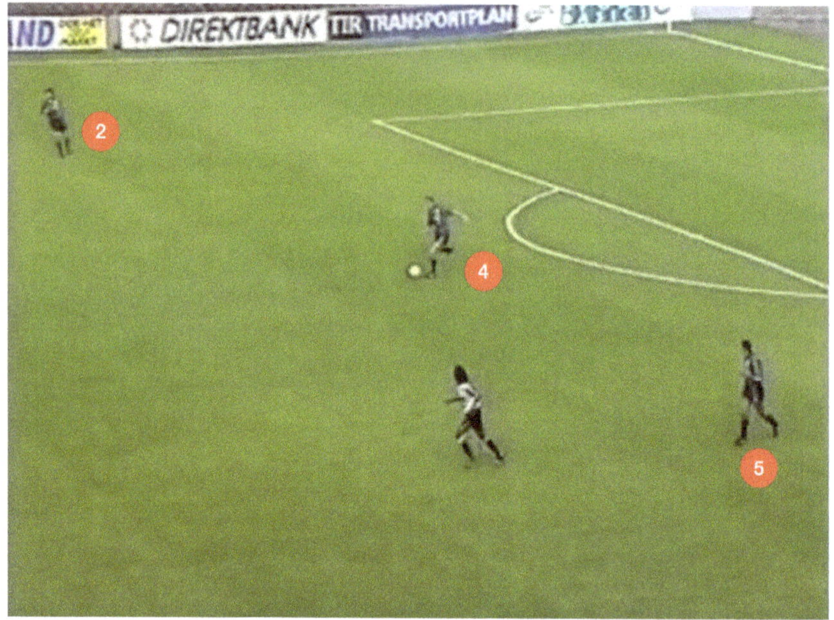

Imagen 66.

Y en la imagen 67 vemos cómo Frank de Boer (3) recoge el pase de Kreek (4) en una línea diferente a los otros tres jugadores y a la altura del mediocentro, John van den Brom (8).

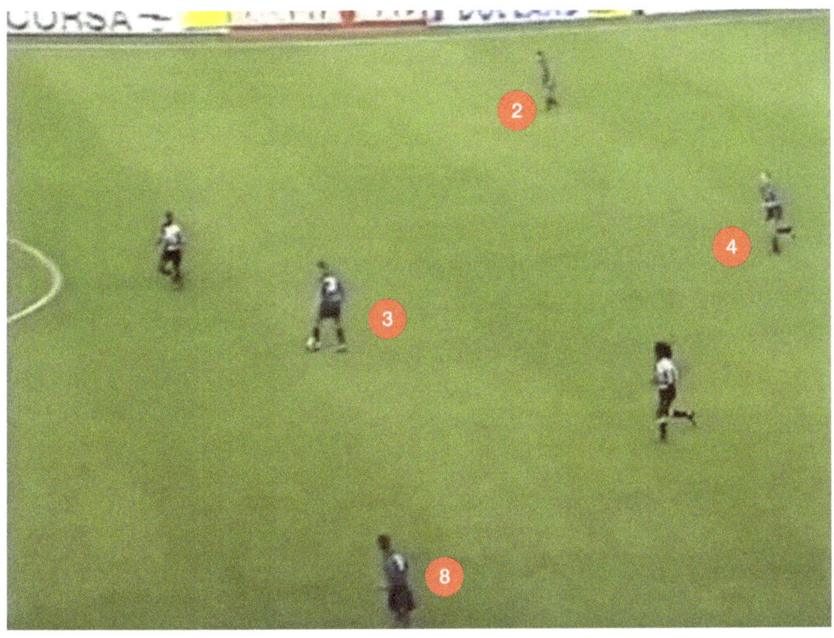

Imagen 67.

SAQUES DE META EN CORTO

Antes de entrar en este apartado conviene volver a recordar que en los inicios de la carrera como entrenador de Van

Gaal no existía la norma que prohíbe la cesión al portero para que este tome el balón con la mano. ¿Esto qué implicaba? Que las presiones no eran tan altas en la fase inicio, ya que si el equipo que comenzaba la jugada se veía muy presionado, podía ceder la pelota a su guardameta para que la levantara e hiciera un saque en largo que superase las líneas rivales.

Con el paso de los años y la aplicación de esta norma, los conjuntos han ido avanzando en la contrucción de la jugada desde la zona de inicio a la de finalización, con porteros que cada vez juegan mejor con el pie y hacen correctas lecturas tácticas. De manera simultánea han ido surgiendo presiones cada vez más altas para impedir esta situación. Si bien no es común que los equipos del neerlandés se enfrenten a adveresarios que intenten recuperar arriba con mucha frecuencia, pueden darse casos como el siguiente.

En el enfrentamiento del Ajax de Van Gaal con la Juventus de Turín en la semifinal de la Champions League 96/97, en las imágenes 68 y 69 vemos una presión adelantada del equipo italiano sobre un saque de meta. Edwin van der Sar (1) juega en corto con Danny Blind (3) para que el delantero contrario, Christian Vieri (15), salte y deje libre al central izquierdo, Frank de Boer (4), a quien busca el guardameta (1) después de recibir la devolución. Es decir: utilizan un intercambio de pases portero-central-portero para atraer al rival, que descubra a otro compañero y sea posible escapar de la presión.

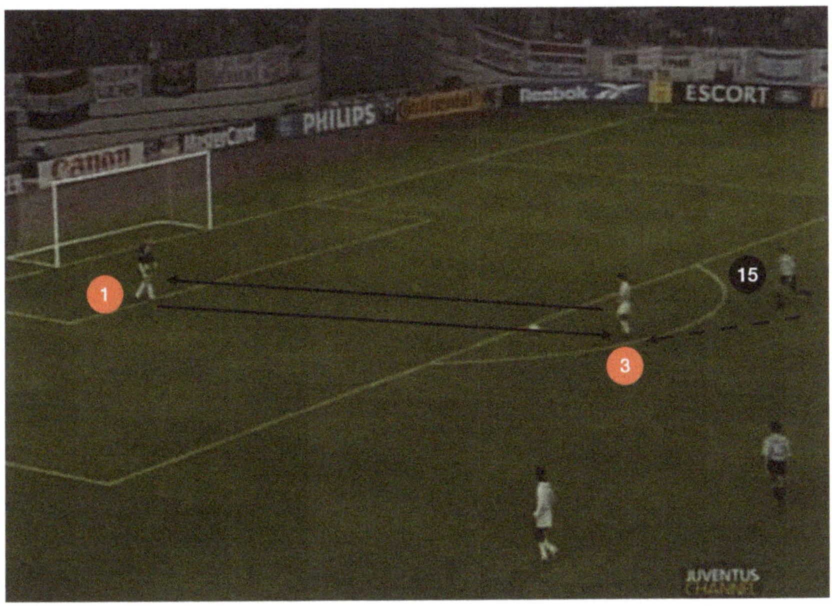

Imagen 68.

Imagen 69.

SAQUE DE META EN LARGO

Van Gaal siempre ha sido un entrenador que, como hemos visto, ha buscado tener jugadores con una buena capacidad organizativa y aptitudes técnicas para la elaboración, aunque ante presiones altas también da muestras de su pragmatismo. Si el rival se adelanta para impedir el saque de meta en corto y la elaboración controlada del juego, eso quiere decir que arriba hay espacios por explotar. Los equipos son mantas cortas: si se tapan los pies, se descubren la cabeza; si un conjunto te presiona arriba, deja huecos atrás.

Conocedor de esto, Louis van Gaal siempre tiene un jugador de referencia sobre el que jugar en largo, sean los grandes delanteros de los que normalmente dispone o de otros futbolistas con un sobresaliente juego aéreo. Un caso especialmente llamativo es el de Marouane Fellaini, alguien reconocido por su poderío en las alturas, en el Manchester United.

SAQUE DE META EN LARGO CON LA ESTRUCTURA ABIERTA

Hemos visto que las presiones altas, para impedir la elaboración del juego desde los saques de meta, han ido en aumento en los últimos años. Además, una manera de generar espacios desde estas situaciones es invitando al adversario a que salga muy arriba para que descubra espacios atrás.

Van Gaal aprovecha esto de la siguiente manera. Ante el saque del portero, Sergio Romero (20), vemos en la imagen 70 que el Tottenham de Mauricio Pochettino plantea una presión adelantada hombre a hombre. Si bien los jugadores que se acercan para iniciar, los centrales, Smalling (12) y Daley Blind (17), y el mediocentro, Carrick (16), se encuentran marcados y no pueden recibir, están atrayendo a los oponentes y generando huecos. Romero (20) no manda a adelantar al equipo para golpear, sino que lo hace directamente sobre una estructura abierta para aprovechar los espacios creados por los arrastres de sus compañeros.

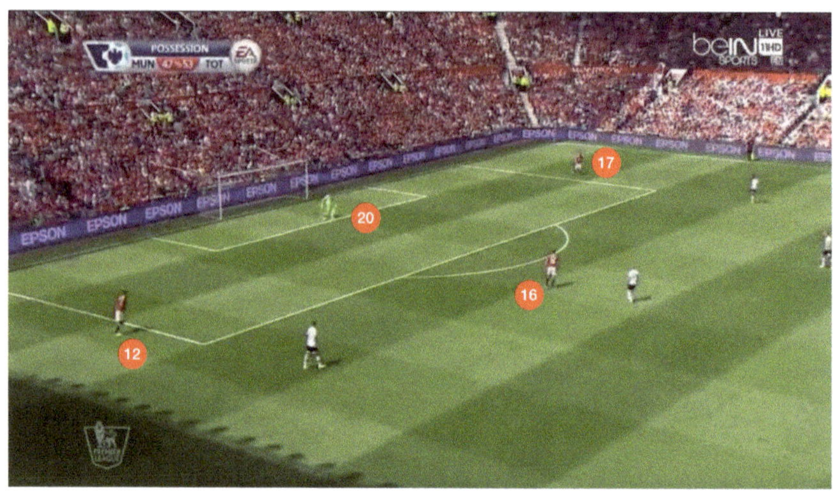

Imagen 70.

Una maniobra que, ocasionalmente, ponen en práctica los equipos de Van Gaal implica un engaño al mandar a cerrar al equipo. En la situación que vemos en la imagen 71, el portero, Jasper Cillessen (1), ordena que las líneas suban ante la presión adelantada de la selección argentina. Simula que va a golpear en largo y cuando los oponentes se están replegando hay un central, en este caso Stefan de Vrij (3), que rápidamente desciende a toda velocidad para recibir el pase en corto del guardameta (1).

Imagen 71.

EL PAPEL DEL 10: DE LITMANEN A ROONEY, PASANDO POR RIQUELME

Litmanen: el amigo de todos

Jari Litmanen fue un jugador extraordinario. Si bien muestra un juego brillante y un fútbol total en los años en los que coincide con Van Gaal en Ámsterdam, no es capaz de encontrar su sitio cuando años más tarde se vuelven a encontrar en Barcelona.

La importancia de un jugador como Litmanen es capital en el esquema de juego del entrenador neerlandés. Se trata de un futbolista con una calidad sobresaliente, una lectura del juego extraordinaria y una gran capacidad para llegar desde atrás, que además convierte goles importantes y decisivos. Todas ellas son cualidades que lo hacen merecedor de portar la camiseta con el número 10.

Aun así, el gran éxito de Litmanen es que siempre está dispuesto a echar una mano a sus compañeros, sea dando una línea de pase para asociarse o metiéndose en la última línea defensiva a despejar balones de cabeza. En la imagen 72 podemos ver a Litmanen (10) en su área, prácticamente de último jugador, defendiendo un ataque del PSV Eindhoven junto a los centrales, Reiziger (2) y Frank de Boer (5), y el mediocentro, Frank Rijkaard (4). La foto podría invitarnos a pensar que son los últimos minutos del partido y que están defendiendo una renta mínima para llevarse la victoria, aunque no es así: es el minuto 25 y el Ajax ya gana por 3-0. Quizá por hacer ese tipo de ayudas y tener ese compromiso es que el equipo logra, tan pronto, semejante ventaja en el marcador.

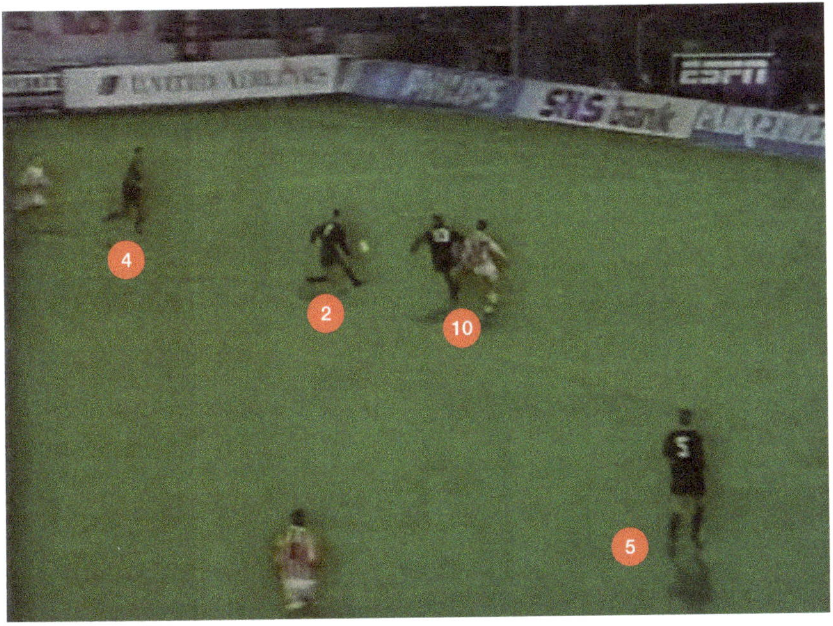

Imagen 72.

Otra de las cualidades a destacar del jugador finlandés se relaciona con su excelente lectura táctica, lo que lo lleva a jugar algún partido como mediocentro puro por delante de la defensa. En estos casos hace las veces de lo que se llama, coloquialmente "mediocentro defensivo", aunque Van Gaal no tiene muchas intenciones defensivas colocando a Litmanen ahí.

Su gran entendimiento del juego y de los espacios lo convierten en un gran llegador, aprovechando los descensos de los delanteros centro, Patrick Kluivert o Ronald de Boer, con los arrastres generados sobre los centrales rivales. En la imagen 73 podemos ver una acción, que termina en gol de Litmanen (10), en la que aparece desde la segunda línea al no estar el delantero centro, Kluivert, en posiciones de remate para conectar el centro del extremo derecho, Finidi (7).

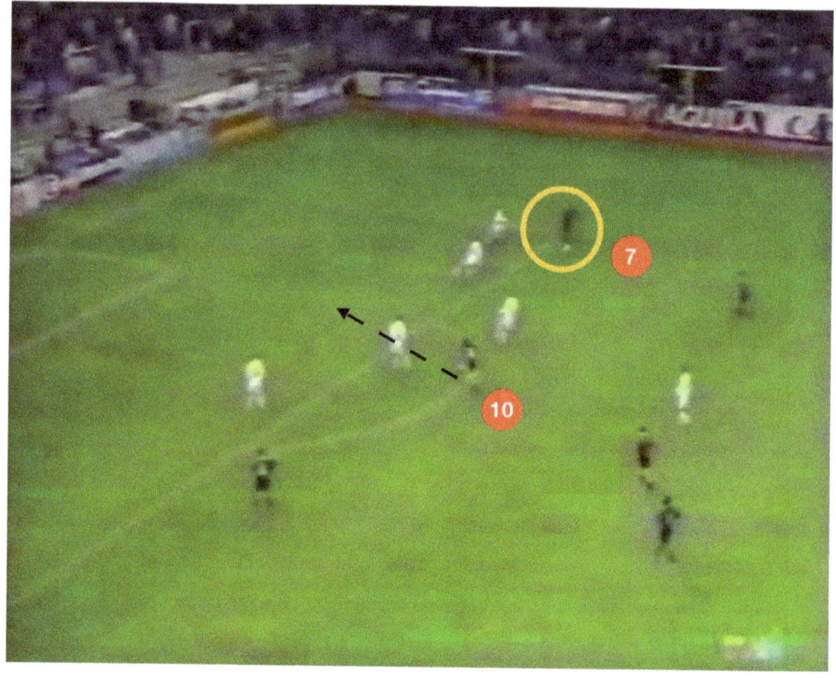

Imagen 73.

Riquelme: un borrón en la libreta

Por sus cualidades técnicas e inteligencia para el juego asociativo, al momento de la incorporación de Juan Román Riquelme al FC Barcelona es posible pensar que encajaría como anillo al dedo en los planteamientos de Van Gaal. Sin embargo, la cosa se tuerce ya desde la presentación.

En alguna entrevista, el argentino ha reconocido que aunque el neerlandés fue una de las pocas personas en el fútbol que le hablaron claro y de frente, ya en su primer encuentro el entrenador le mencionó que su contratación se debía a los deseos del presidente y no a una petición de él. Riquelme contó que Van Gaal lo llevó a un despacho después del acto ante los medios, le enseñó vídeos de él jugando y le dijo: "Con la pelota eres el mejor jugador del mundo, pero sin la pelota jugamos con uno menos".

Pero los desencuentros no son solo en la posible actitud del futbolista argentino sin balón, sino por la posición en el campo. Van Gaal tiene un sistema en el que confía y sitúa a Riquelme de delantero (o puntero, como dice el propio jugador) por la izquierda. En la imagen 74 vemos la disposición táctica del equipo en un FC Barcelona-Real Madrid de la temporada 02/03.

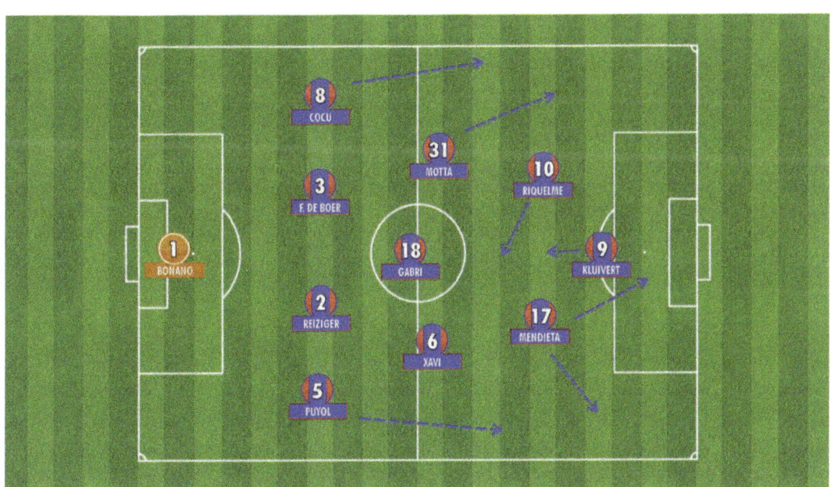

Imagen 74.

Gaizka Mendieta (17) y Juan Román Riquelme (10) parten desde el perfil derecho y el izquierdo del ataque, respectiva-

mente. El que más movilidad tiene es un Mendieta (17) que hace una serie de movimientos por la derecha, como correr a la espalda para las peinadas del delantero centro, Kluivert (9), dar amplitud al campo con movimientos adentro-afuera si el lateral derecho, Carles Puyol (5), no consigue ganar profundidad o atacar la última línea rival para recibir pases al espacio a través de desmarques al espacio.

Imagen 75.

En la imagen 75 podemos ver cómo Riquelme (10) ocupa la posición de enganche puro y es Kluivert (9) el jugador que, actuando como delantero centro, tiene que ir a la izquierda para dar amplitud. Ante la ausencia de un jugador referencia en punta, Mendieta (17) rompe a la espalda de los centrales para tratar de recibir el pase del interior izquierdo, Thiago Motta (31), y atacar la última línea defensiva del Real Madrid.

Otra característica muy marcada en los equipos de Van Gaal es que los jugadores que actúan en la línea del ataque tienen que correr a la espalda del delantero para recibir el balón peinado, mientras los mediocampistas o interiores se acercan para la descarga de cara. Como muestra la imagen 77, Riquelme (10) no suele ir a la peinada del delantero, Kluivert (9), sino que espera de manera frontal como un mediocampista, interior o enganche más.

Imagen 76.

La naturaleza asociativa de Riquelme no tiene cabida en la libreta de Van Gaal, que le demanda al argentino que espere en el flanco izquierdo del ataque hasta que el equipo consiga contactar con él; es decir, que abra el campo para que los jugadores interiores tengan espacios para la asociación y puedan llevar el balón a las posiciones de ataque, como ya hemos visto anteriormente. En cambio, Juan Román prefiere meterse por adentro y buscar ser siempre una opción de pase para asistir al delantero.

Sí es cierto que, en una temporada en la que las cosas no salen, en ocasiones Van Gaal opta por formar un 4-2-3-1 con Riquelme en la posición de enganche puro por detrás del delantero y sustentado por la pareja de mediocentros, quizás en la búsqueda de tocar con esa tecla que haga funcionar al equipo. Sucede, por ejemplo, en el FC Barcelona-Sevilla FC correspondiente a la jornada 14 de la Liga española en la temporada 02/03: el conjunto blaugrana forma con Riquelme de enganche, Xavi Hernández y Thiago Motta en el doble pivote, Dani García Lara y Marc Overmars en los costados y Kluivert en la punta del ataque. Sin embargo, pocas jornadas después, en enero de 2003, Van Gaal es destituido y se pone fin a su segunda aventura en la Ciudad Condal.

Rooney: un chico para todo

Wayne Rooney es uno de los últimos "chicos para todo". Es una corriente que se inicia con jugadores como Jari Litmanen, Ronald de Boer o Albert Celades y que continúa con Daley Blind (el hijo de Danny Blind) o con el propio Rooney, que con Van Gaal participa como delantero centro, enganche, interior e incluso mediocentro.

En la imagen 77 vemos una formación 3-4-1-2 del Manchester United de la temporada 14/15, utilizada en el partido de la Premier League frente al Liverpool de la jornada 16.

Imagen 77.

Wayne Rooney actúa como mediocentro izquierdo y aporta no solo solidez en la parcela central, sino también lo que mejor ha hecho en su carrera: marcar goles. Al partir de una posición más retrasada, Rooney tiene ventaja para llegar por sorpresa y anotar desde la segunda línea. Podemos ver en la imagen 78 la acción del gol de ese duelo, con el lateral derecho, Antonio Valencia (25), entrando por banda derecha y Rooney (10) arrancando desde el medio del campo para llegar a zonas de remate y marcar.

Imagen 78.

TRANSICIONES

LOS REPLIEGUES EN EL AJAX Y LA SOLUCIÓN EN EL BAYERN

En el Ajax y el resto de equipos en los que dispone de una línea defensiva con tres centrales, como ya hemos analizado, Van Gaal se encuentra con el problema de no contar laterales que defiendan los pasillos ofensivos de los extremos rivales. A su vez, hemos visto que los encargados de ayudar a defender esas situaciones en las bandas son los interiores, los cuales también tienen la misión de atacar desde la segunda línea y llegar al área contraria. En ocasiones, esto genera conjuntos con muchos metros que correr a su espalda para defender y con muchos efectivos en el último tercio, lo que hace que los repliegues sean muy largos, con los centrales expuestos.

En la imagen 79 vemos una acción de un Auxerre-Ajax de la temporada 92/93, con los centrales, Danny Blind (3) y Frank de Boer (5), defendiendo una situación de transición defensiva en igualdad numérica.

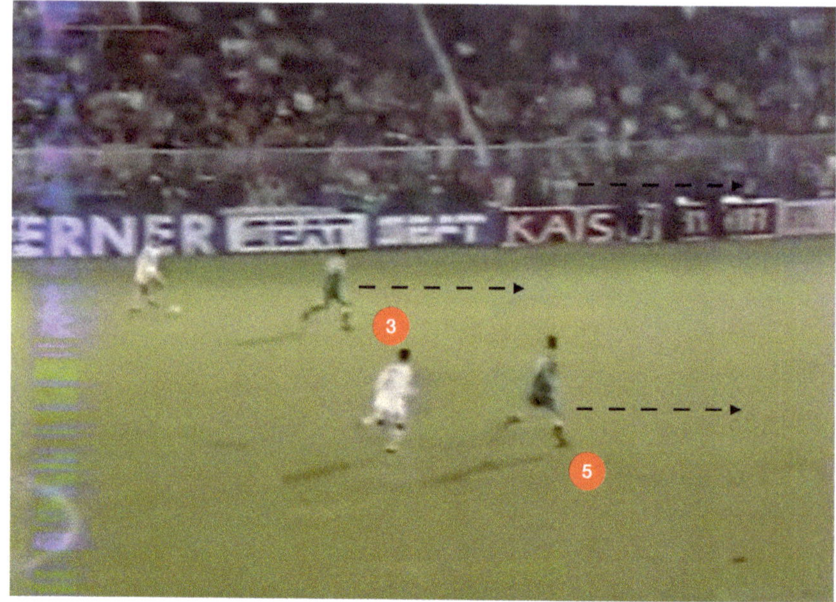

Imagen 79.

Van Gaal modifica esto especialmente en su etapa en el Bayern de Múnich, donde los laterales apenas se incorporan y se proyectan poco en ataque para ayudar a los extremos en las maniobras ofensivas y tener protección ante las pérdidas, como hemos visto; es decir, cuatro jugadores se quedan en vigilancias defensivas por los tres de los que dispone en el Ajax.

La imagen 80 muestra una transición ataque-defensa del conjunto bávaro, en la que es posible apreciar perfectamente a la línea defensiva compuesta por el lateral derecho, Lahm (21), los centrales, Van Buyten (5) y Demichelis (6), y el lateral izquierdo, Badstuber (28).

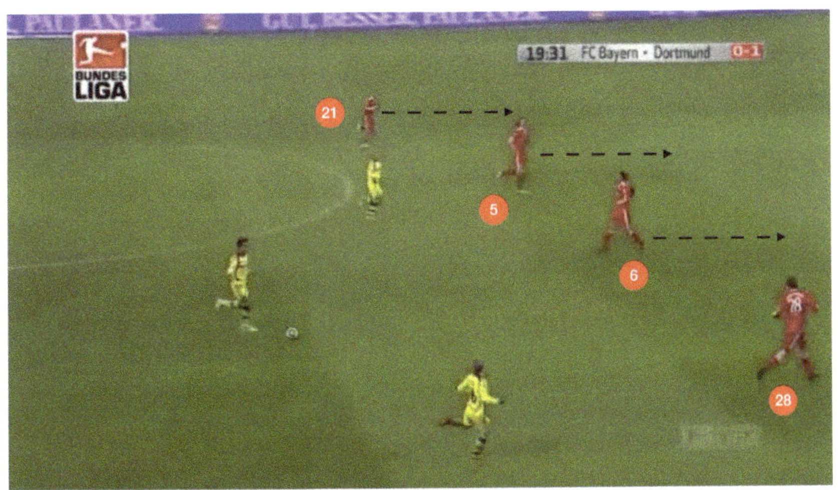

Imagen 80.

Sin embargo, no quiere decir que a partir de ahí siempre lo haga de la misma manera. Durante el Mundial de 2014, en un proceso posterior al del Bayern de Múnich, vuelve a dejar en vigilancias defensivas a tres centrales, Daley Blind (5), Vlaar (2) y De Vrij (3), dando libertad en ataque a los laterales. En la imagen 81 se ve con Kuyt (15), que está adelantado y hace un retorno más largo. Esta situación deja a los centrales a la espera de las ayudas de los mediocentros, Nigel de Jong (6) y Wijnaldum (20).

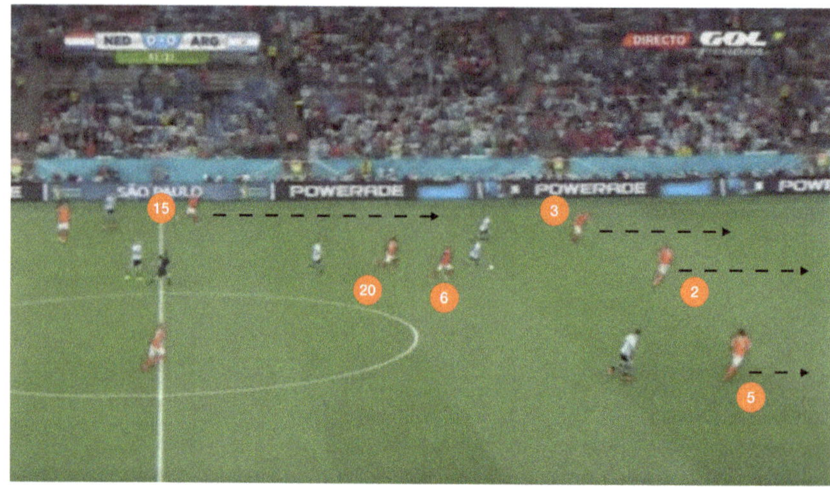

Imagen 81.

GESTIÓN DE LOS DESCOLGADOS PARA LOS CONTRAATAQUES

Hemos analizado la tendencia a dejar hombres descolgados en ataque para salir en transiciones rápidas. Los equipos de Van Gaal siempre disponen de, al menos, una salida con jugadores en posiciones lejanas para correr en veloces y verticales contraataques.

Sirve como ejemplo la acción de la imagen 82, en la que vemos a los tres centrales, Bogarde (5), Danny Blind (3) y Reiziger (2); al mediocentro, Rijkaard (4); y a los interiores, Ronald de Boer (6) y Seedorf (8), por la derecha y la izquierda, respectivamente; ayudando a los zagueros de los costados como si de laterales se tratase.

Imagen 82.

El enganche, Litmanen (10), se queda en una posición intermedia para lanzar a los jugadores alejados de la situación defensiva, que esperan su momento para poder atacar en una rápida transición. En este caso, dispone de Finidi (7) por la derecha, Overmars (11) por la izquierda y Kanu (9) como punta. Con esa estuctura consigue armar veloces contraataques y, a su vez, fijar a la defensa rival e impedir que sus laterales se incorporen para hacer daño por las bandas.

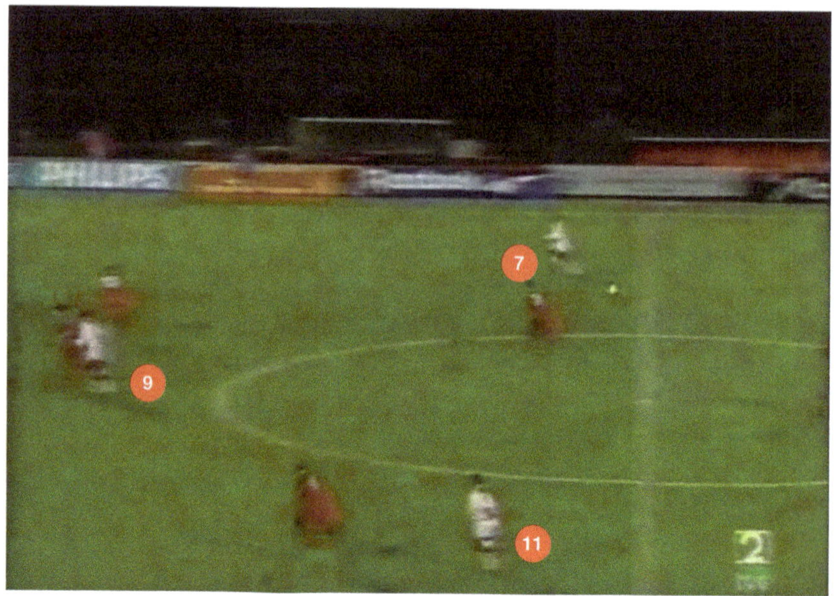

Imagen 83.

LA PRESIÓN TRAS PÉRDIDA Y LA NO PRESIÓN

Por su juego alegre, ofensivo y elaborado, es posible pensar que los equipos de Van Gaal se inclinan por una fuerte presión tras pérdida. Pero no es lo habitual. Esto seguramente se debe a una serie de razones. Como hemos analizado, los conjuntos del neerlandés suelen buscar rápidas transiciones, por lo que en esas ocasiones no están lo suficientemente juntos para poder intentar una recuperación inmediata.

Otro de los aspectos que no ayuda es que, si bien proponen una elaboración desde la zona de inicio, en cuanto pueden dan pases verticales que baten líneas contrarias. Esto se da, por ejemplo, con la maniobra del tercer hombre: al superar la línea de presión y poner a un jugador de cara a la portería rival, lanzan el ataque con velocidad. En definitiva, son avances muy rápidos y abiertos, por lo que no hay una buena estructura defensiva para lanzar fuertes presiones tras pérdida en torno a la pelota.

Otro factor está vinculado con la predilección por esperar a los adversarios en bloques intermedios e intentar recuperar a partir de ahí. Con ello logran, como ya hemos visto, que el rival avance hasta ciertas posiciones y descubra su espalda, teniendo metros libres para atacar.

En la imagen 84 vemos una acción en la que el central derecho, Garay (2), juega con su portero, Romero (13), para posteriormente contactar con el mediocentro izquierdo, Mascherano (14). La reacción de la selección neerlandesa, dirigida por Louis van Gaal, es replegar y juntar líneas, lo que podemos apreciar en la posición corporal de sus delanteros centro, Van Persie (9) y Robben (11); y del enganche, Sneijder (10).

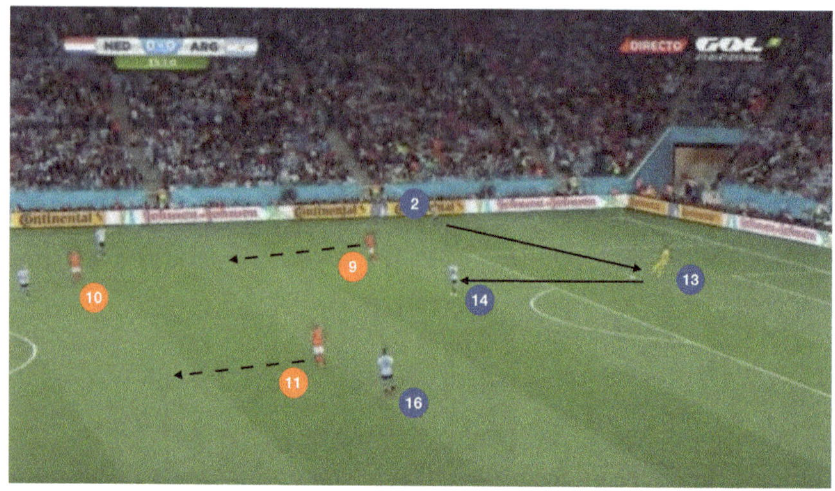

Imagen 84.

ABP

SAQUES DE BANDA LARGOS

En 2018 Jürgen Klopp sorprendió al mundo periodístico al contratar a un entrenador para los saques de banda. Se trataba de Thomas Gronnemark, un preparador danés que trabaja bajo el lema: "Los buenos saques de banda ganan partidos". Estos lanzamientos largos de banda en la actualidad son vistos más a menudo, ya que el fútbol está cada vez más especializado y se mira cualquier mínimo detalle. Pero ya en los primeros equipos de Van Gaal, a principios de los 90, podemos ver este tipo de ejecuciones.

La imagen 85 corresponde a la final de la Copa de Europa en el año 95, donde vemos a Ronald de Boer (9) disponerse para lanzar el balón lo más lejos posible en busca del área del AC Milan.

Imagen 85.

La imagen 86 ya nos sitúa en la temporada 02/03 para ver a un Phillip Cocu (8) que busca un lanzamiento largo de banda para intentar que el FC Barcelona ataque el área de su rival, el Valencia CF.

Imagen 86.

EL MEJOR SAQUE: EL RÁPIDO

El Bayern de Múnich de Van Gaal es un equipo vertiginoso, que lo hace todo a una velocidad endiablada. Es peligroso tanto en las transiciones como atrayendo al rival para in-

tentar robarle la pelota muy arriba y, de repente, cambiar el ritmo y dar un pase vertical o comenzar una conducción que cambie la velocidad del juego.

Es un equipo que vive a otra velocidad, eso lo demuestra hasta en los saques de banda y los reinicios. No esperan a que llegue el lateral para sacar de banda, sino que la primera alternativa es que el más cercano al balón ejecute el lanzamiento a toda velocidad. Sin dar opción a nada ni bajar las revoluciones.

A veces la mejor estrategia es la activación y la picardía de los jugadores. A veces el mejor saque es el rápido.

CÓRNER DEFENSIVO: NADIE PRIMERO, SIEMPRE AL SEGUNDO

No deja de ser chocante que la disposición defensiva en los córners consista en situar a un jugador en el segundo palo y a ninguno en el primero. En las imágenes 87 y 88, los lanzadores son diestros y vemos saques de esquina ejecutados desde cada perfil, por lo que no responde a una estrategia solo para defender los envíos más abiertos: los cerrados, como en la imagen 88, normalmente también son defendidos de esta manera.

En la imagen 87, el balón se va abriendo al ser un diestro lanzando desde la banda derecha.

Imagen 87.

En la imagen 88, con un diestro ejecutando el córner desde la banda izquierda, el lanzamiento va más cerrado y con peligro para el primer palo. Aun así, el equipo de Van Gaal solo sitúa un defensor en el segundo poste.

Imagen 88.

CIERRE

El final del libro sirve para reforzar el concepto inicial: resaltar la riqueza táctica y la variedad de soluciones que se descubren a medida que se avanza en el análisis táctico de un entrenador como Van Gaal. Varios escritos marcan que el neerlandés es uno de los padres del juego de posición y esto puede ser cierto, aunque el abanico de soluciones y las formas de jugar han sido tan variadas a lo largo de su carrera que me sería imposible encasillarlo o no en ese estilo. Si de algo es el "padre" es de tener equipos que en líneas generales son ofensivos, alegres, verticales, pragmáticos y que hacen un fútbol sencillo y atractivo que no queda más remedio que admirar.

El fútbol ha ido evolucionando, pero Van Gaal se ha sabido adaptar a los tiempos y no pasar a tener una imagen de entrenador anticuado. Da igual su edad. Siempre se espera de sus conjuntos un juego proactivo, atractivo y juvenil, aunque si tiene que armar dispositivos rocosos y difíciles de superar, también cuenta con capacidad para hacerlo como lo ha demostrado en la selección de los Países Bajos. Además, en todo momento, está dispuesto a dar opciones a jóvenes valores.

Este libro solo pretende analizar y homenajear su figura en lo que al juego se refiere. Muchos de los futbolistas que han pasado por su libreta se refieren a él como uno de los mejores en cuanto a soluciones y planteamientos tácticos. Algunos de ellos son en la actualidad grandes entrenadores

o seleccionadores y se refieren al neerlandés como el mejor técnico que tuvieron en sus carreras. Por algo será.

TAREAS DE ENTRENAMIENTO

CONSERVACIÓN - BÚSQUEDA DEL TERCER HOMBRE

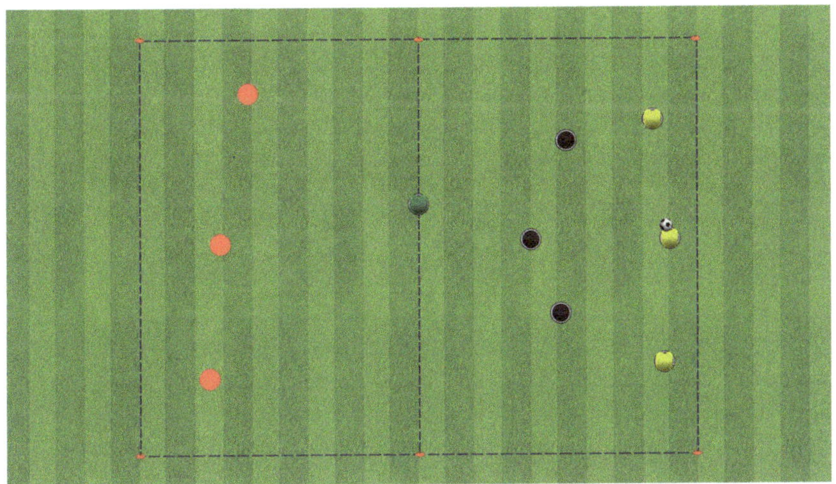

Descripción

Toques libres para conservar el balón.

Para pasar al otro espacio:

1. Dar 8 pases consecutivos.
2. Contactar con comodín (jugador verde) y buscar al tercer hombre.
3. Contactar con equipo lejano y que el siguiente receptor sea el comodín como tercer hombre.

JUEGO DE POSICIÓN 4 VS 4 + 3 COMODINES

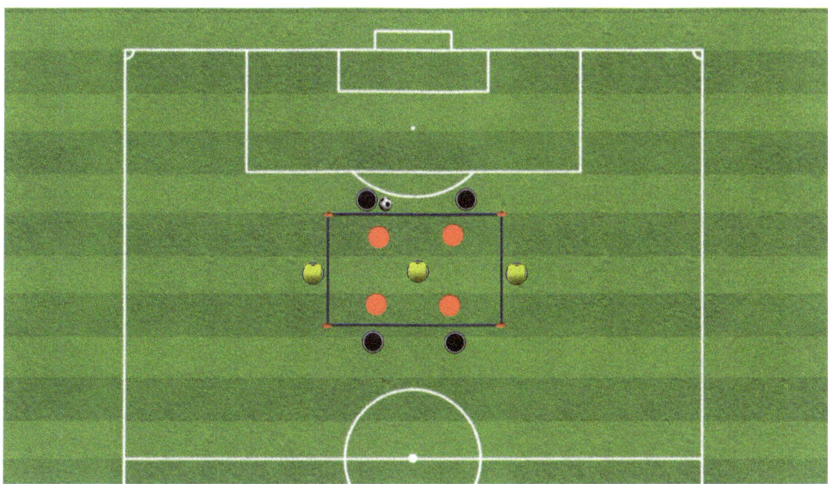

Descripción

En un espacio de 15x20 metros, un equipo de 4 jugadores conserva el balón con la ayuda de 3 comodines. Todos disponen de toques libres.

Si el equipo poseedor consigue encadenar 12 pases consecutivos cuenta como gol. Ante un robo del equipo defensor, se produce un cambio de rol y se activa una rápida presión tras pérdida.

JUEGO DE POSICIÓN EN 3 ZONAS

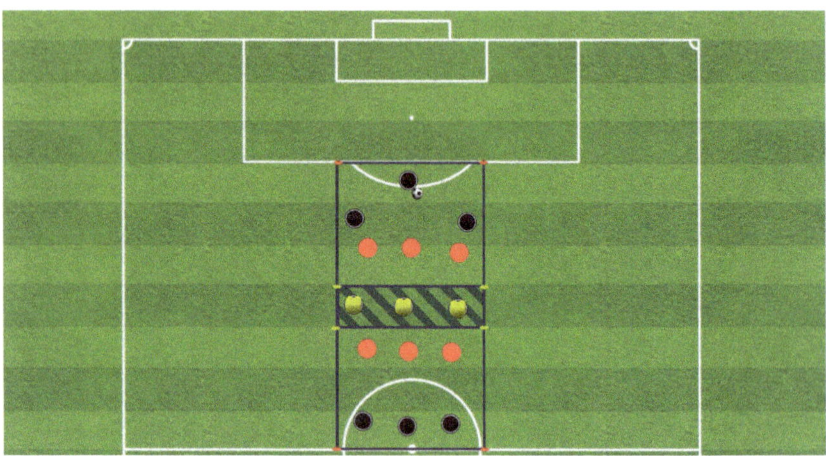

Descripción

Toques libres.

12 pases consecutivos = GOL.

Un comodín central (jugadores amarillos) se puede descolgar a zona de balón y crear superioridad numérica. A su vez, un defensa de la zona no activa, puede saltar a presionar a los 2 comodines centrales.

REDUCIDO - 3 ZONAS CENTRALES + 2 LATERALES EN VENTAJA

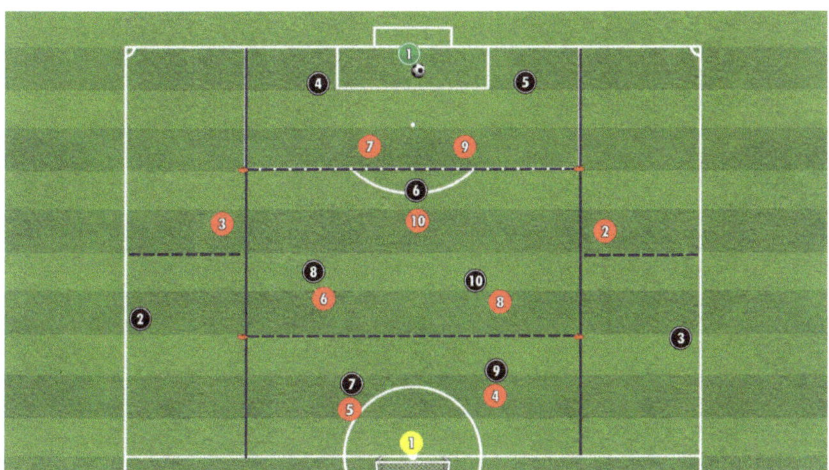

Descripción

Toques libres.

Un jugador del medio (6-8-10) puede descender a la zona de inicio para ayudar en la salida de balón o incorporarse para rematar en la zona de finalización.

Los laterales están en ventaja y solo se defienden entre ellos para trabajar los retornos defensivos y que el centrador lo haga con presión. Gol de centro, vale doble.

PARTIDO REDUCIDO - 2 ZONAS

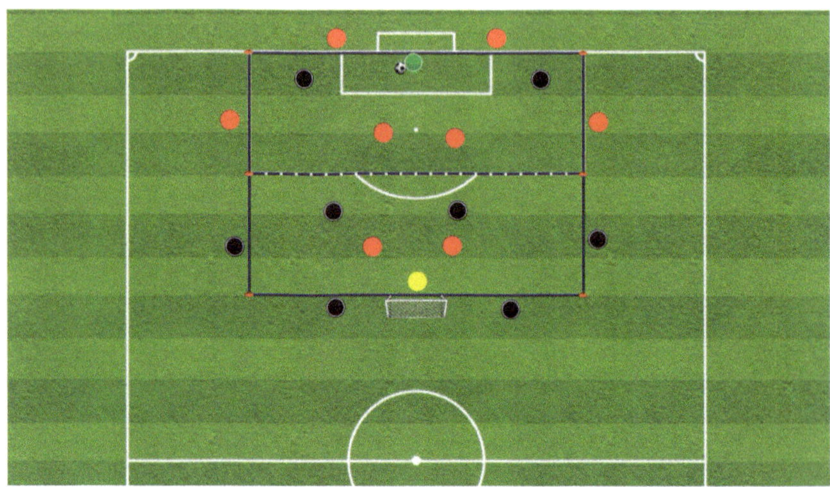

Descripción

Se juega en disposición 2-2. No se puede salir de la zona asignada.

Se permiten dos toques en campo propio y libre en contrario.Comodines exteriores solo pueden jugar a un toque. Dos si es para centrar.

Gol de cabeza y desde campo propio vale doble.

CONSERVACIÓN - 2 ZONAS

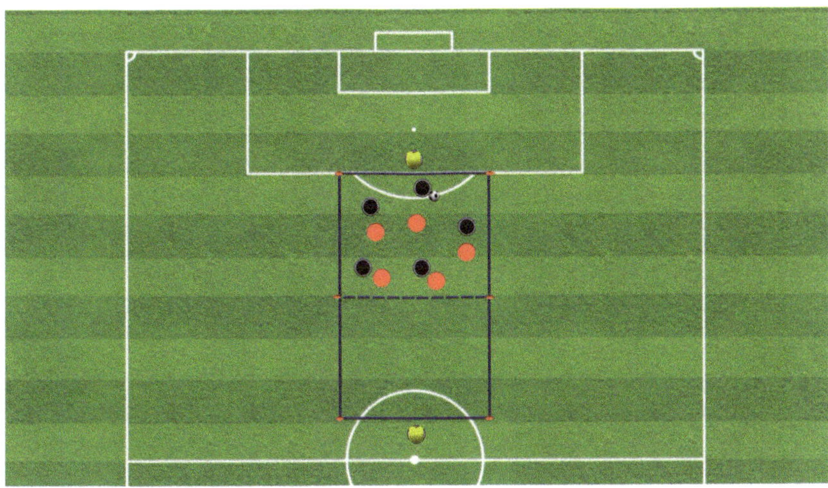

Descripción

Toques libres para conservar. Los comodines pueden jugar a 2 toques. 12 pases consecutivos = GOL.

Todos juegan en la zona donde se encuentra el balón, menos el comodín alejado.

Si el equipo que conserva el balón consigue conectar con los comodines, el gol vale doble.

RONDO - 2 ZONAS - 5 VS 3 + 2

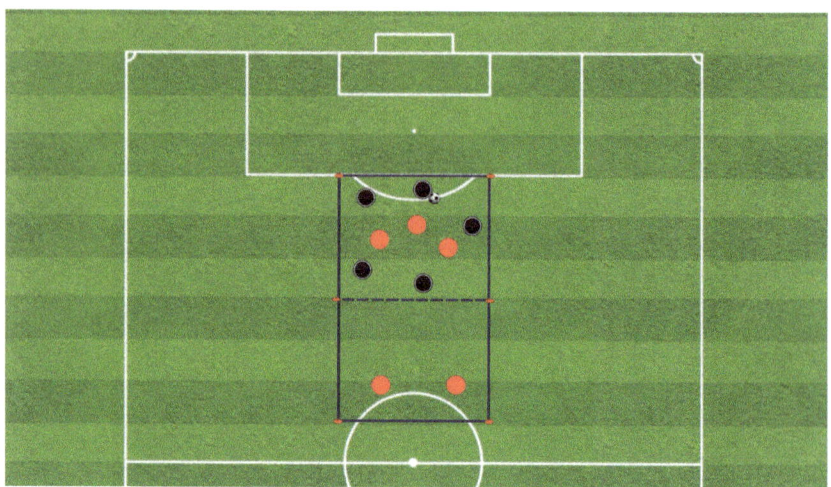

Descripción

Dos toques implican uno para conservar.

Si los defensores recuperan, juegan con sus 2 compañeros que están en espera en la zona no activa.

12 pases consecutivos = GOL.

Es importante que el equipo que conserva active una rápida presión tras pérdida para no dejar al equipo defensor sacar el balón de la zona.

DUELOS 1 VS 1

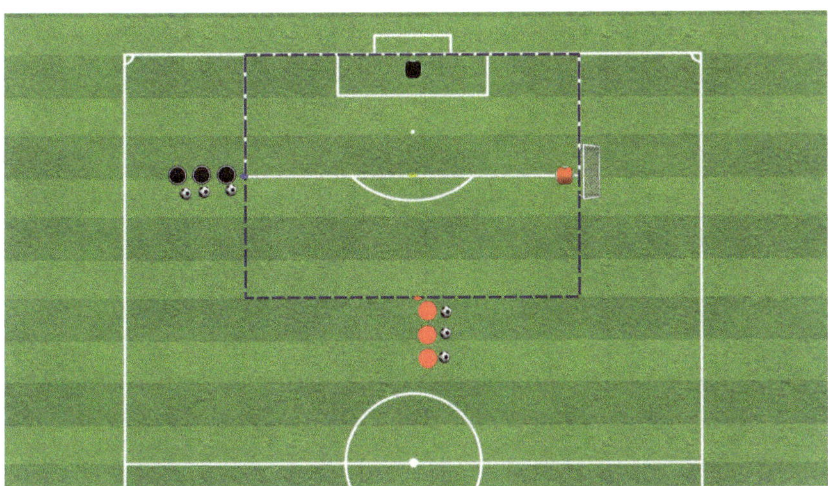

Descripción

Secuencia: sale un jugador del equipo rojo y finaliza. A continuación, sale a su encuentro en conducción un jugador del equipo negro para disputar un 1 vs 1. Así sucesivamente.

CONSERVACIÓN - 2 ZONAS - TERCER HOMBRE

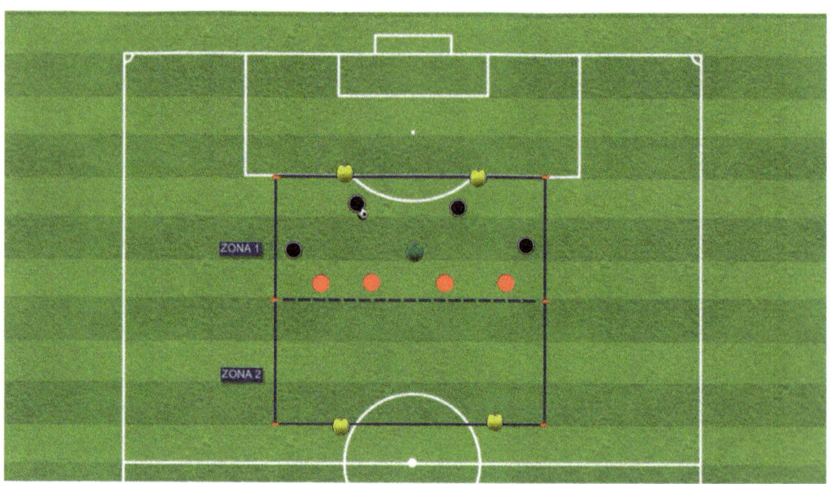

Descripción

Toques libres para conservar el balón. Los comodines pueden jugar a 2 toques. Para pasar de zona 1 a zona 2 (o viceversa), hay que jugar con comodines alejados y llegar a la descarga. Si la descarga es a un toque vale un gol.

RUEDAS DE PASE – TERCER HOMBRE

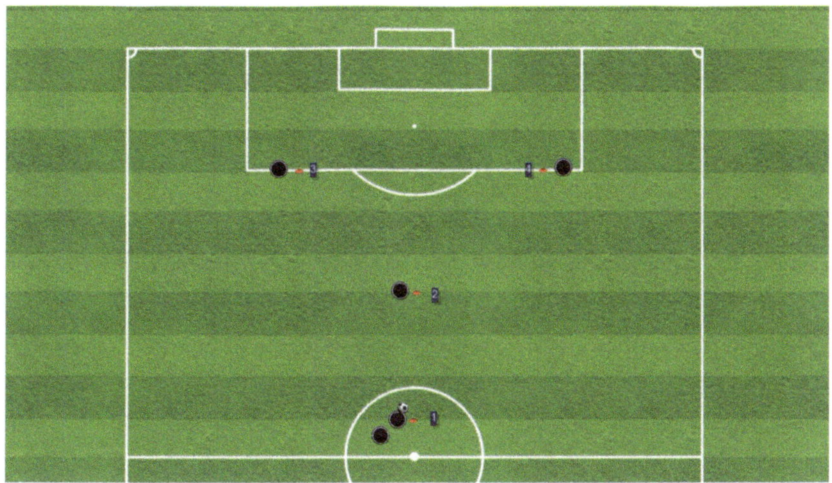

Descripción

Secuencia: jugador 1 pasa a 2 que descarga de cara para que 1 juegue con jugadores 3 o 4. En ese momento 2 se reconoce como hombre libre y ofrece apoyo a 3 o 4, pared y pase al inicio.

FINALIZACIONES CON OPOSICIÓN

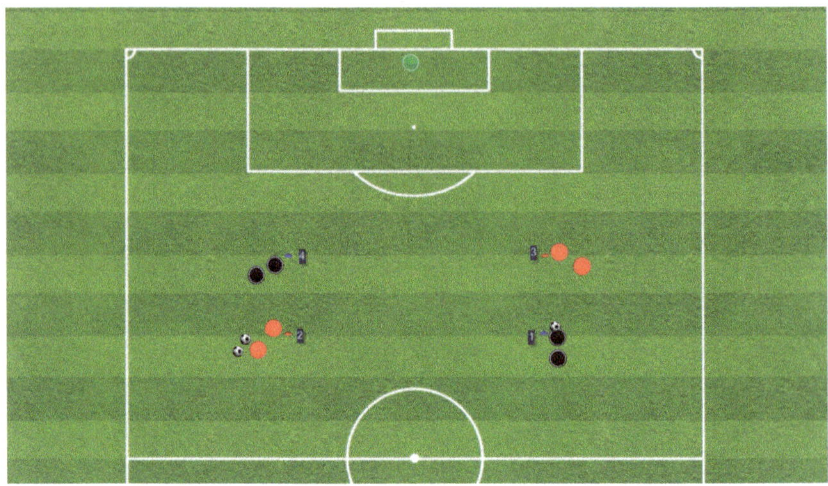

Descripción

Secuencia: jugador 1 pasa al espacio a jugador 4. En el momento del pase, jugador 2 sale a perseguir a 4 que trata de finalizar.

FINALIZACIÓN – TERCER HOMBRE

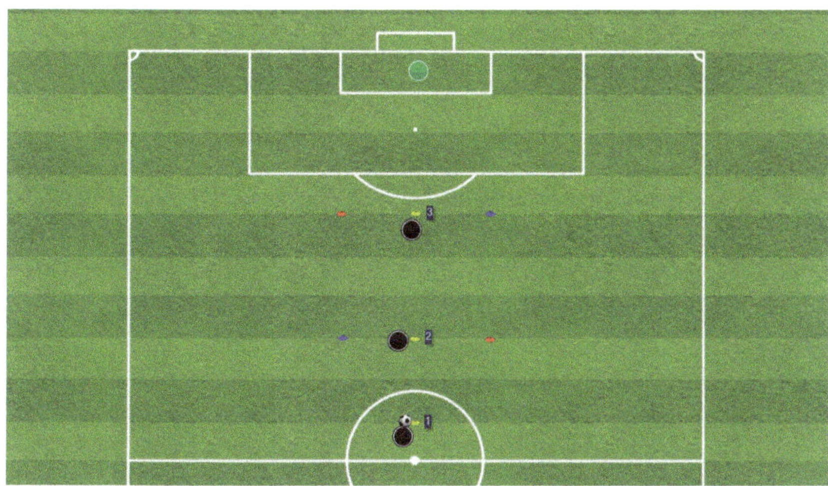

Descripción

Secuencia: jugador 1 pasa a 2 que hace una descarga de cara y se mueve al cono rojo o azul. Jugador 3, ha de ir al cono del mismo color pero a diferente altura. Jugador 1 juega con jugador 3, que descarga con 2 y finaliza.

CONSERVACIÓN – JUEGO VERTICAL I

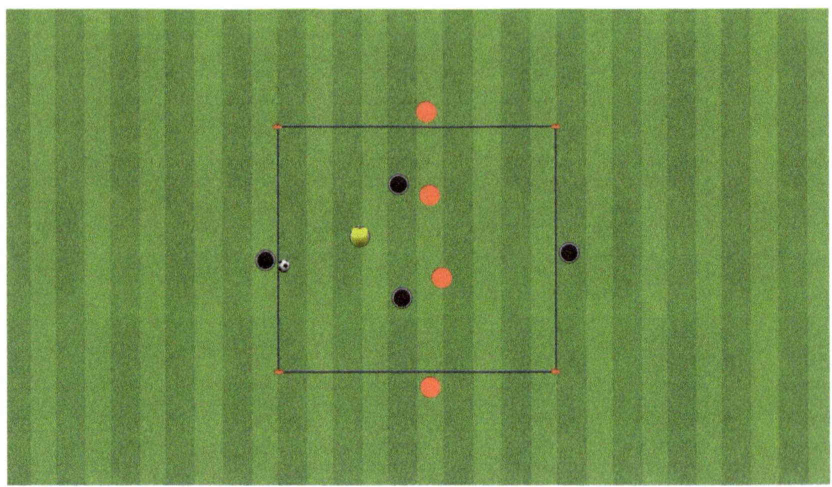

Descripción

Dos toques para conservar el balón. Los comodines deben jugar a un toque en el juego interior y descargas exteriores.

12 pases consecutivos = GOL.

Búsqueda del tercer hombre con los jugadores alejados y reconocerse receptor.

CONSERVACIÓN – JUEGO VERTICAL II

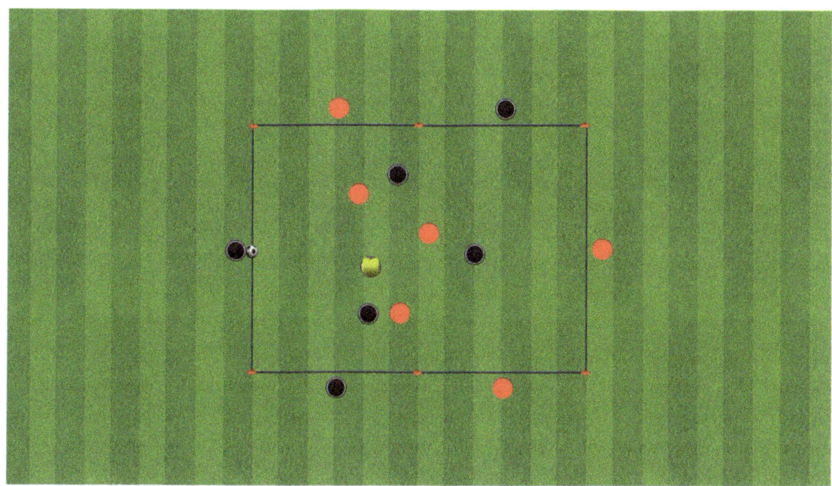

Descripción

Dos toques para conservar el balón. Los comodines deben jugar a un toque en el juego interior y descargas exteriores.

12 pases consecutivos = GOL.

Búsqueda del tercer hombre con los jugadores alejados y reconocerse receptor.

CONSERVACIÓN – TERCER HOMBRE

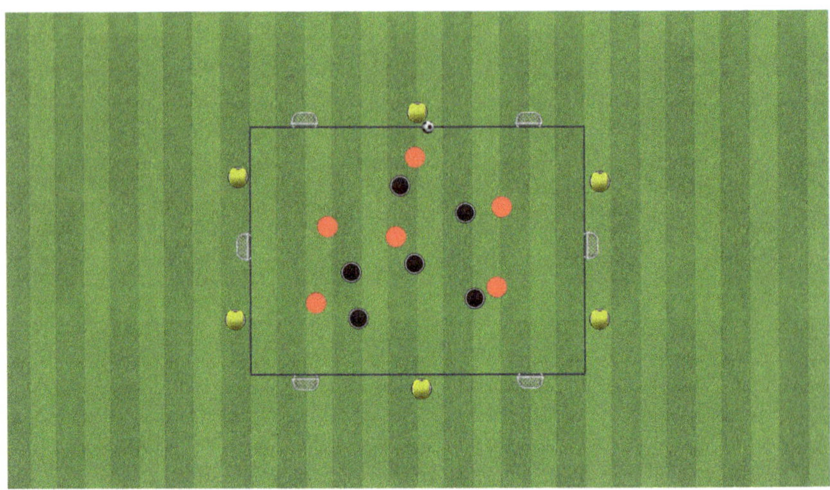

Descripción

Jugadores interiores tienen toques libres. Comodines exteriores solo un toque para descargas.

12 pases consecutivos = GOL

Gol en portería pequeña vale doble.

SOBRE EL AUTOR

Emilio González Nosti, nacido en Candás, Asturias, 1985. Es arquitecto por la UAX de Madrid, psicólogo por la UNED, entrenador nacional de fútbol por la Escuela del Deporte del Principado de Asturias.

Inició su carrera de entrenador en la UAX con el equipo femenino de la Universidad mientras terminaba sus estudios de arquitectura. Cuando llegó a Gijón, aparcó un trabajo de arquitecto por empezar a entrenar en la Asunción CF, donde consiguió dejar al equipo en 1ª juvenil, mientras estudiaba Psicología en la UNED. En la Asunción ejerció labores de director del campus de verano, director de metodología, además de estar durante 8 años como entrenador del juvenil "A".

Tras ese tiempo, se incorporó al Real Sporting de Gijón en su equipo juvenil "B", desde donde, después de quedar campeones de liga, pasó al equipo juvenil "A" de División de Honor, clasificando al equipo para la Copa del Rey.

En la temporada siguiente (2019/20), asume la dirección del área de psicología del club. Área que en la actualidad coordina. A mediados de la temporada 20-21 asume el banquillo del Sporting "B" de la 2ªB española, realizando una vez más labores de 2º entrenador, formando cuerpo técnico con Sergio Sánchez.

Es autor del libro "Un psicólogo en tu equipo" y director del centro deportivo Equipo situado en Gijón (Asturias).

www.ingramcontent.com/pod-product-compliance
Ingram Content Group UK Ltd.
Pitfield, Milton Keynes, MK11 3LW, UK
UKHW062301290726
14090UKWH00017B/831